体育旅游发展路径初探：基础与案例

Sport Tourism Development: Foundation and Cases

董二为　等著

科学出版社
北　京

内 容 简 介

本书从客观角度通过实例研究体育旅游，包括体育旅游与区域发展、社区文化品牌、康养旅游等内容，以我国上海市、贵州省、武汉市为例，阐述了体育旅游的发展路径，破除了体育旅游等于体育赛事的旧观念。本书的宗旨是为了让更多从事体育旅游和关心体育旅游发展的各界人士了解体育旅游的精髓，以冷静的态度和广阔的视野，迎接并克服在体育旅游发展中遇到的意想不到的困难，力争在体育旅游发展中少走弯路。

图书在版编目(CIP)数据

体育旅游发展路径初探：基础与案例／董二为等著．—北京：科学出版社，2021.3

ISBN 978-7-03-066974-2

Ⅰ.①体…　Ⅱ.①董…　Ⅲ.①体育—旅游业发展—研究—中国　Ⅳ.①F592.3

中国版本图书馆 CIP 数据核字(2020)第 230471 号

责任编辑：张佳仪／责任校对：谭宏宇
责任印制：黄晓鸣／封面设计：殷　靓

科学出版社 出版
北京东黄城根北街 16 号
邮政编码：100717
http：//www.sciencep.com
南京展望文化发展有限公司排版
广东虎彩云印刷有限公司印刷
科学出版社发行　各地新华书店经销

*

2021 年 3 月第　一　版　开本：B5(720×1000)
2023 年 3 月第五次印刷　印张：11 1/4
字数：207 000

定价：80.00 元

《体育旅游发展路径初探：基础与案例》

编 写 团 队

组　长

董二为　曹　戈

副组长

付　冰　张泽承

成　员

（按姓氏笔画排序）

左一凡	刘梦颖	邵　勇	陈　雯
荒川雅志	栗雪雯	原田宗彦	徐晟辉
徐倩文	高桥伸佳	黄国扬	谢祥项
管菲颖			

Preface

Sport tourism is broadly speaking, travel to take part in, watch, or visit a sport-related attraction. While in Western cultures people date travel for sport back to the Romans and the Greeks. Referring to sport tourism today we can date the emergence of this niche form of tourism to the mid-1990s, although there is evidence that some countries in both Europe and North America had recognized travel for sport as a potential market before this.

In the mid-1990s, tourism in Western countries was separating into what some called special interest tourism. Therefore, tourism associated with culture and history became heritage tourism with nature and conservation becoming ecotourism, and travel for sport became sport tourism. This came at a time when more economies were shifting from primary manufacturing to service sector, and it belongs to the era some call post-industrialization. Thus, more countries were beginning to rely on tourism as an economic development tool which meant more competition among destinations, and locations without natural beauty or historical attractions needed to think about different ways of developing a tourism industry, and sport became one of these development tools. We were entering a new era in hosting the mega sporting events such as the Olympic Games and the FIFA World Cup. Not only were host countries and cities concerned about the sporting competition, but governments in particular began to realize that the global media coverage of these events could be used to show case new initiatives, or to rebrand, or re-image their countries. At the same time, in universities we saw major growth in disciplines such as sport management and tourism management with researchers turning attention to these mega sporting events as well as the smaller scale events that more towns and cities were hosting to generate tourism for their communities. In the world of sport, we were also seeing change as more participants were moving away from traditional team sports to individual sports such as running, cycling, and triathlon and we can host all those events as participants sought competitive outlets for their sport participation.

Over the past 25 years or so, sport tourism has grown into a specialized industry and an area of study that draws researchers from the fields of both sport and tourism. Over the past ten years, more researchers from Asia have joined the early researchers from the UK, US, Canada, Australia, New Zealand, France, and South Africa. Scholars from Japan, South Korea, Malaysia and China have become quite active in researching sport tourism. In fact, in 2018 the first ever Chinese sport tourism international conference was hosted by the Shanghai University of Sport and I was one of the Western sport tourism scholars to be invited to speak. In the early days in the UK, the Leisure Studies Association was forward-thinking in hosting a number of conferences on sport tourism. I, like Erwei Dong, have a mixed disciplinary background that spans sport and leisure, and in my graduate education tourism. I have always said that sport tourism needs knowledge from at least the fields of sport and tourism to effectively understand it. I would also say that the field of leisure studies is also important, particularly in helping researchers explain sport tourism participation. Participation in leisure has been a major focus of researchers in leisure studies and we have a long history of theories to help us understand such participation patterns. Many of these theories such as serious leisure, constraints, social worlds, and enduring involvement have been used in sport tourism research. So it is not surprising to find scholars such as myself or Erwei Dong as researchers in sport tourism or as editors of books such as this one about sport tourism.

Heather J. Gibson
University of Florida

序

体育旅游从广义上讲是指参加、观看或参观与体育有关的景点的旅行。在西方文化中，体育旅游可以追溯到罗马人和希腊人时代。但现代体育旅游可以追溯到20世纪90年代中期出现的这种旅游市场细分形式。事实上有证据表明，欧洲和北美的一些国家在此之前已经认识到体育旅游是一个潜在的市场。

在20世纪90年代中期，西方国家的旅游业被分成了一些人所称的特殊兴趣旅游。与文化和历史相关的旅游成为遗产旅游，与自然和保护相关的旅游成为生态旅游，为体育而旅行成为体育旅游。这一时期，更多的经济体正从初级制造业转向服务业，它属于有人所称的后工业化时代。因此，越来越多的国家开始将旅游业作为一种经济发展工具，这不仅意味着旅游目的地之间的竞争更加激烈，那些没有自然美景或历史景点的地方就需要考虑通过其他不同的方式来发展旅游业，体育便成了其中一种发展工具。我们也进入了一个可以举办如奥运会和世界杯足球赛等大型体育赛事的新时代。不仅仅是主办国和主办城市关心体育竞赛，各国政府也开始意识到，全球媒体对这些赛事的报道可以用来展示其新的举措，或重塑国家的品牌和形象。与此同时，在大学里，我们看到了体育管理和旅游管理等学科的重大发展，研究人员将注意力转向通过大型体育赛事和更多城镇举办的小规模活动来促进社区旅游业的研究。在体育界，我们也看到了变化，有越来越多的参与者从传统的团体运动项目转向了个人项目，如跑步、自行车和铁人三项等，这些项目都开始举办赛事以寻找体育参与竞争渠道的突破口。

在过去的25年里，体育旅游已经发展成为一个专业化产业，并同时吸引了体育和旅游两个领域的研究人员。在过去的几年里，有更多来自亚洲的研究人员加入了英国、美国、加拿大、澳大利亚、新西兰、法国和南非的早期研究者队伍。目前，来自日本、韩国、马来西亚和中国的学者对体育旅游的研究已经相当活跃。事实上，2018年在上海体育学院举办的首次中国体育旅游国际高峰会议上，我是被邀请作主题演讲的西方研究者之一。早期在英国,休闲研究协会就开始主办一系列有关体育旅游的会议,这是很有远见的。在我的研究生教育中,我本人和董二为一样,都有着跨体育学和休闲学的混合学科背景。我一直认为体育旅游至少需要体育和旅游领域的知识才能有效地理解。我还要说,休闲研究领域也很重要,特别是在帮助研究人员解释体育旅游参与度方面。休闲参与一直是休闲研究学者关注的焦点,我们有着悠久的理论基础来帮助我们理解这种参与模式。其中许多理论,如深度休闲、休闲制约、社交环境、持续参与等都被用于体育旅游研究。因此,像我或董二为这样的学者作为体育旅游的研究者或是这本关于体育旅游的书的编著者,也就不足为奇了。

Heather J. Gibson
佛罗里达大学

前言

随着全球化的发展，旅游的方式也变得多样化。生态旅游、亲子旅游、家庭旅游、探险旅游等新的旅游方式在世界各地流行。在这些新的旅游形式当中，体育旅游逐渐成了热门话题。体育旅游兴起并发展于欧美，与体育赛事发展密不可分。从欧洲各地的职业足球比赛到美洲大陆的职业篮球比赛，从每四年举行的奥运会和“世界杯”到年年举办的网球赛、赛马、高尔夫球赛、赛车、马拉松等各类大中小型体育赛事，这些赛事时时刻刻牵动着各国体育迷的心。体育旅游的产生必须要在旅游行为发生的基础上实现。观看和参与体育赛事而产生的旅游行为并不仅仅局限在职业体育赛事，也包括业余体育赛事。更确切地讲，业余体育赛事涉及面更广、更接地气，才是职业赛事的根本和基础。除了体育赛事外，在国家公园、国家森林等自然地带旅行中的钓鱼、打猎、登山、野营等各种户外游憩活动也成为体育旅游中的重要组成部分。体育旅游和文化遗产也不可分割，龙舟赛、那达慕等传统体育项目既是文化遗产也是体育遗产与旅游融合发展的例子。

体育旅游集体育学、旅游学、休闲学、经济学、文化学和管理学等多学科内容为一体，具有专业性和实践性。2015 年，我有幸受吴必虎教授的邀请为北京大地风景国际咨询集团大地风景旅游研究院第六届研究生讲授“美国体育旅游对中国体育旅游发展的借鉴”。2015 年的演讲，让我对体育旅游进行了首次全面梳理。此后，我又先后在复旦大学、北京第二外国语大学、浙江大学、中国传媒大学、北京体育大学、北京大学、同济大学、广州体育学院、深圳大学、沈阳体育学院、东北财经大学、山西财经大学等国内著名高校，久事体育、上海美帆俱乐部等国内著名体育公司，以及日本、韩国、土耳其、南非、巴西等国的国际会议和论坛上做了与体育旅游相关的演讲。这些学术之旅，也让我对体育旅游的内容不断更新，尤其是我在上海体育学院工作的短短两年时间里，先后主持了三次体育旅游、国家公园与户外运动的国际高峰论坛，邀请了来自美国、加拿大、法国、澳大利亚、日本、韩国和巴西等国家相关领域的 15 名著名专家，不仅为上海体育学院在体育旅游学科领域上奠定了学术地位，而且也为这本书的撰写提供了强有力的学术支撑。

本书第一章是体育旅游基础理论概述,通过描述国内外历史演变的进程对体育旅游的概念进行分析和比较。第二章提供了国内外体育旅游发展的相关实例,以及对我国体育旅游发展趋势的分析。第三章是首次以美国体育旅游组织为例对体育旅游和区域发展及融合现状进行分析,是一个对国内文旅融合值得借鉴的例子。第四章研究体育旅游和社区文化品牌的关系以及介绍体育旅游如何成为社区文化品牌。第五章将邻国日本的体育赛事旅游、康养旅游和健康旅游三种形式做对比,从中找出我国可以借鉴的经验。第六章以上海市作为超大城市体育旅游为案例,探究超大城市的体育旅游的发展。第七章以武汉市和贵州省的体育旅游和城市影响力为研究对象,挖掘评价指标体系,创新性地对体育旅游城市影响力提出评价指标。

本书具有鲜明特色,直击最新热点,力求对症下药,用实例对体育旅游相关业态的各个方面进行系统分析。希望能给体育旅游领域的朋友们带来新的信息。本书的编写团队集结了旅游业和酒店业的管理精英,以及国内外体育学和旅游学的优秀学者。践行了 Gibson 教授在《序》中的“体育旅游至少需要体育和旅游领域的知识才能有效地注解”的主张。同时我也非常欣慰能在过去的两年里穿梭在中美之间,耳濡目染,亲身体会了中美在旅游理念、体育体制、赛事管理和政策支持等众多方面的不同,学习到了丰富的知识。正因为有了这些不同,才让我产生了研究的契机和动力,让我能够为以欧美为中心的体育旅游的研究添砖加瓦。我喜欢郭德纲说他自己是“说相声的小学生”,同样我不认为我就是所谓的“大咖”,我更希望通过本书的撰写找到自己不足的地方以提升自己在学术上的水平。休闲与体育旅游是与国民的生活方式、闲暇时间、生活质量和和谐社会息息相关的,希望这本书对大众、学界和产业界有帮助。

本书内容涵盖了国家社会科学基金一般项目《“一带一路”视域下海南岛、台湾岛体育旅游战略比较研究》(项目编号:19BTY085)的阶段成果,并由湖北休闲体育发展研究中心《武汉市体育旅游城市影响力评价指标体系研究》(项目编号:2019Z001)、贵州省体育局《贵州省体育旅游城市影响力评价指标体系研究》(项目编号:GZTY2019102)资助出版。

在本书的写作当中,感谢美国亚利桑那州立大学和上海体育学院对我的大力支持!尤其感谢美国佛罗里达大学体育旅游界著名学者 Heather Gibson 教授在百忙之中特意为本书写了序。也要感谢国内各大学术机构、学术会议、政府部门、相关企业等给我传播体育旅游学术理念的机会。还要感谢我的博士生、硕士生对本书的贡献,希望他们今后在各自的学术之旅中一切顺利!最后感恩所有支持过我的家人、亲戚和朋友。能在新型冠状病毒肺炎疫情大流行期间完成本书的撰写,也使本书的出版有了特殊的意义,并且也是对他们支持的最好的回报。

董二为

2020 年 8 月 12 日

目◉录

第一章 体育旅游基础理论概述

第一节 体育旅游的前世今生

20世纪90年代，体育旅游首先在欧美受到关注，西方学者将体育旅游作为旅游细分的一部分，之后学术界开始重视特殊兴趣旅游，包括生态旅游、遗产旅游和体育旅游等各种新兴旅游。实际上体育旅游或为体育而旅行早在20世纪90年代前就已经存在。为体育而旅行，具体可体现在公元前776年到公元394年的古希腊，公民为参加奥林匹克运动会而前往奥林匹亚（Olympia），这可能是体育旅游最早的形式之一。有趣的是，当时有超过4万名的体育旅游者从希腊各地到奥林匹亚，包括普通大众、运动员、哲学家、政治家、艺术家、诗人和其他朝圣者。由于当时希腊城邦间战事频繁，而且交通条件落后，无论是运动员还是观赛者在旅行当中都会遇到危险。因此，古希腊各个城邦之间在四年一度的古代奥林匹克运动会前后停止战争，也就是“奥林匹克休战”，以保护参加比赛运动员和观众的安全。1896年，在雅典举行的第一届现代奥林匹克运动会为体育旅游奠定了基础。在19世纪中后期，先后诞生了英国高尔夫球公开赛（1860年）、美国职业棒球联赛（1869年）、美国肯塔基德比赛马大赛（1875年）、英国温布尔登网球锦标赛（1877年）、法国网球公开赛（1891年）和波士顿马拉松（1897年）等世界著名体育赛事。19世纪的高尔夫和20世纪的滑雪可以说是最早期的旅游与运动相结合的体育旅游形式。然而，随着旅游业逐渐成为西方世界经济发展的焦点，其带动了许多相关领域的发展。值得注意的是，各个国家政府和旅游业者开始根据这些细分市场正式确定旅游目的地的开发。例如，英国被确立为遗产体育旅游中心，哥斯达黎加最早采用了“生态旅游”的概念，澳大利亚在2000年悉尼奥运会之前确立了体育旅游中心法案。早在1925年成立的日本相扑协会，为相扑运动的职业化、市场化做出了贡献。每年1月、3月、5月、7月、9月和11月分别在东京、大阪、名古屋和福冈四地举行六次相扑比赛，每次比赛长达15天。每年总计90天的相扑巡回赛，这种长期间歇式的体育赛事给体育旅游业创造了稳定的经济收入。与此同时，学术界出现了越来越多地与旅游和体育相关的学位点和科研项目，二者共同支持着体育旅游研究的发展。

同其他旅游形式的细分市场相比，体育旅游一直被认为是一个特殊的领域。因为，体育旅游不但建立了体育业和旅游业之间的联系，而且还将体育学与旅游学联系在了一起。在20世纪90年代末，英国学者Standeven和比利时学者De Knop出版了第一本体育旅游教材——*Sport Tourism*。虽然体育旅游教材出现的年份相对较晚，但是这并不意味着体育旅游学科不健全。西方学者不急于撰书立传，而是在前期做了较多的基础研究。例如，在Standeven和De Knop的著作中对体育旅游的市场进行了估算。Standeven和De Knop认为，在某些国家有10%~30%的旅游活动都和体育运动相关。根据Mintel的研究，英国假期的活动内容中有10%是以体育活动为核心的；据美国旅游业数据显示，在1994~1999年，有75.3%的美国人都参与过体育旅游活动。2018年，体育旅游占美国国内旅游市场的8%，有1.9亿次的美国境内旅游是与参加或者观看体育比赛有关。

体育旅游市场拥有着巨大的发展潜力，这不但已经成为共识，而且也引起了学术界的关注。因此，有部分学者开始对体育旅游进行研究。研究成果之一便是出版了一系列体育旅游教科书，如Hudson于2003年出版的《体育与探险旅游》（图1.1a）、Hinch和Higham于2004年出版的《体育旅游发展》、Higham于2005年出版的《体育旅游目的地》（图1.1b）、Weed和Bull于2004年出版的《体育旅游：参与者、政策和提供者》。此外，还发表了大量体育旅游的学术专刊，如《假日市场杂志》《旅游娱乐研究》《旅游业当前问题》《体育管理杂志》等，《体育与旅游期刊》（图1.1c）设置了专刊并发表了一系列与体育旅游相关的文章。在这个阶段，不论是实践领域还是研究领域，西方国家的体育旅游都有实质性的进展。

a　　　　b　　　　c

图1.1　体育旅游相关著作和杂志封面

a.《体育与探险旅游》封面；b.《体育旅游目的地》封面；c.《体育与旅游期刊》封面

第二节　体育旅游相关概念与分类

首次提出体育旅游的概念可以追溯到1966年英国体育游憩中央审议会(Central Council for Physical Recreation)出版的 *Sport and Tourism* 一书中,书中描述了体育在旅游中的角色。在随后的二十余年,学界大部分争议集中在体育旅游的分类以及体育旅游的定义上。澳大利亚学者 Hall 和 Weller 在1992出版的 *Special Interest Tourism* 一书中认为探险旅游、体育旅游和健康旅游都是提升个人生活质量、增加户外活动的旅游方式。因此两位学者认为,体育旅游应分为两类,一类为旅行去参与运动,另一类为旅行去观看体育。Hall 不仅对体育旅游进行了分类,而且又明确了体育旅游与其他三种相关旅游形式的重合(融合)。如图1.2所示,其一是精品/标志性赛事(hallmark events)和体育旅游的交叉,如美国橄榄球超级杯和奥运会提供的旅游机会等;其二是户外运动(outdoor recreation)和体育旅游的交叉,国家公园和国家森林提供的野营、漂流、徒步登山等户外运动就属于这个范畴;其三是健康和健身活动(health and fitness)和体育旅游的交叉,Hall 的主张是以罗马时代就开始的东欧和地中海地区的治疗性水疗(therapeutic spas)为主的体育旅游。到这些地方旅行并且延伸到度假村旅行、伴有各种诸如网球和高尔夫球等健身运动的旅行。

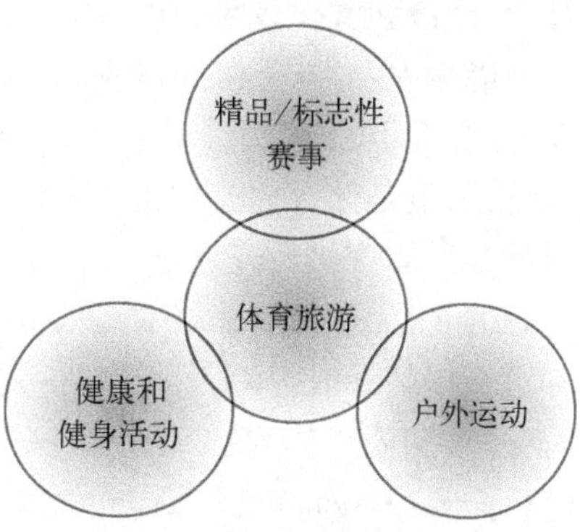

图1.2　体育旅游和其他相关范畴交叉

1999年,Standeven 和 De Knop 根据前人研究基础提出了积极型(active)体育旅游和消极型(passive)体育旅游。具体地讲前者是指在假期中主动参与体育运动的行为,而后者是指无论你是真正的体育运动铁杆粉丝还是偶尔观看比赛的体育爱好者,都可以通过旅行到达目的地观赏体育比赛的行为。因此 Standeven 和 De Knop 对于“体育运动”的界定范围很广。从英文译成中文的角度上来讲,active 和 passive 在不同语境下可以有不同的中文译文,所以在这里直接翻译成积极型和消极型,对中国的学者来讲,会容易在理解上产生偏差甚至会造成误解。所以美国学者也对该定义产生了质疑,提出 Hall 和 Weller 的定义也将职业运动员和裁判员纳入了体育旅游游客的范畴,这违背了旅游作为一种休闲行为的定义。

在众多的体育旅游的定义当中,Standeven 和 De Knop 在1999年对于体育旅游的定义可以说是被广泛引用。他们的定义是:“体育旅游是指有必要离开家和工作所在地随意地或者有组织地参与以商业或者非商业为目的的主动与被动参与体育活动的所有形式。”可以看出，Standeven 和 De Knop 的定义既包括偶然发生的体育参与行为，又包括提前计划的、有组织的体育参与行为，导致该定义过于宽泛。

2001 年，加拿大学者 Hinch 和新西兰学者 Higham 对体育旅游的概念进行了补充。Hinch 和 Higham 引用了 Loy 对于体育活动的严谨定义，强调体育旅游的时空维度，并且将时间结构、体力竞争和玩性本质等概念引入体育旅游的概念中。他们认为：体育旅游就是在有限的时间内，以具有一套独特的规则、包含体力和娱乐式竞争为特性的，以体育运动为基础的离开家庭环境的旅行。Hinch 和 Higham 认为，时间结构、体力竞争和玩性本质这三个特征是体育旅游成为很有意思的研究领域。

2004 年，英国学者 Weed 和 Bull 还将有关活动与场所相互作用的想法纳入体育旅游定义。他们提出：“体育旅游是一种由独特场所互动所引起的社会、经济和文化现象；旅行要素包括行程和有组织的旅行的组织形式，是一种能将人与场所相连的互动以及人、场所和活动的互动相关的动机。”Weed 和 Bull 的定义看上去平常，但是却开启了另一场有关体育旅游定义的争论，那就是体育旅游中的“体育”的英文表述究竟是“sport”还是“sports”。也就是说体育旅游究竟是个单独体还是和其他方式互动互联的共和体。有意思的是，无论是“sport”还是“sports”，在中文翻译当中都翻译成“运动”而并不直接翻译成“体育”，但当“sport”或者“sports”和旅游（tourism）相结合的时候，却翻译成体育旅游。Weed 和 Bull 建议用“sports”，他们认为体育旅游（sports tourism）是从活动、人和场所互动中派生出来的独特的研究领域。而 Weed 和 Bull 选择“sports”的原因是体育旅游中的“sports”讲的是体育活动的本身要比依赖社会体育大机构特性来描述体育旅游领域更为恰当。然而 Gibson 却认为应该使用“sport”，相比于“sports”仅指代个体层面的体育活动，“sport”包含了更广的社会体育大机构范畴，这使体育旅游的含义更广、更具影响力。Gibson 是一位土生土长的英国人，在英国和美国都受过高等教育，并在美国生活了三十余年。同时受到英美文化和学术影响的 Gibson，在对体育旅游的理解上却偏向美国。本书不对 Gibson 的观点正确与否做评价，但是至少可以确定体育旅游在美国的社会体育大机构范畴中特性是显著的。Weed 和 Bull 还反驳道：“体育（sport）的概念在多数情况下会削弱体育活动的异质性本质。”

时至今日，关于“sport”还是“sports”的争论也从未停止，目前，“sport tourism”和“sports tourism”在产业领域和学术领域中均有使用，就连 *Journal of Sport Tourism* 在重组时也选择了一种折中的方式：将杂志名称改为 *Journal of Sport & Tourism* 而不是 *Journal of Sports & Tourism*。

除了这场针对有无“s”的争论以外,另一场争论也正在进行当中。尽管许多学者认为体育旅游主要分为两类:积极型体育旅游和消极型体育旅游,而Redmond在一篇详细介绍体育旅游发展的文章中提出了第三种体育旅游类型的存在,那就是通过旅游去参观体育博物馆、名人堂、体育场和越来越多的类似于游轮和餐厅的体育主题景点。Redmond将这类体育旅游同旅游业中刚刚兴起的遗产旅游和怀旧旅游相结合。Lewis和Redmond在文章中曾提到过体育博物馆的发展,Gibson认为这第三类体育旅游应该被称作怀旧型体育旅游。因此,Gibson在1998年对体育旅游进行了重新定义:“体育旅游是一种以休闲目的为基础的旅游活动,把旅游者临时带到平常生活居住环境以外的地方参与、观看体育活动,或参观与体育活动相关的令人崇敬的景点。”

因此,Gibson分别将这三类体育旅游归类为参与型体育旅游、赛事型体育旅游和怀旧型体育旅游。在英文原始定义中,Gibson用了“venerate”这个词,“venerate”是崇敬或者崇拜的意思,所以包含了怀着崇敬的心情参观遗产旅游地的意思。但是在中文翻译的时候,不能完全把原词当中的情感译出来。2003年,澳大利亚学者Fairley提出,怀旧型体育旅游不应仅局限于物理空间或景点内,还可以建立在社会经历之上的怀旧。十年后,随着小型参与型体育旅游的发展,旅游参与铁人三项全能赛、自行车赛、跑步比赛和其他比赛人数的增加,体育旅游的分类也有了一定的变化。在与相关行业从业人员的交谈中使用“赛事型体育旅游”一词变得越来越难以沟通,因为对于赛事型体育旅游的定义还停留在过去。因此在2010年,Kaplanidou和Gibson提出将赛事型体育旅游拆分为两部分:积极型赛事体育旅游(也就是基于体育赛事的参与型体育旅游)与消极型赛事体育旅游(通过旅游观看体育赛事)。此外,Fairley、Kellett和Green提出了另外一种体育旅游方式:通过旅游作为志愿者参与到体育赛事当中。在奥运会、世界锦标赛等大型赛事中做志愿者,就属于这一类的志愿者。

2018年,笔者及团队经过三年研究,从体育旅游的产业动态方面,对美国体育旅游的现状进行了分析。首次将体育旅游分成职业体育旅游、业余体育旅游(重点在大学体育旅游)、户外运动和其他与体育相关的旅游活动。美国的职业体育旅游是以职业棒球联赛、职业冰球、职业篮球和职业橄榄球四大赛事为主要支撑,也依赖于其他如高尔夫球、网球、赛马和赛车等世界著名职业体育赛事的支撑。在业余体育旅游中,有百年以上历史的波士顿马拉松,以及和职业体育赛事一样受欢迎的大学体育赛事等。在户外运动中,有百年以上历史的国家公园和近万座州立公园提供户外游憩场所,以及其他如参观体育博物馆、体育比赛的设施等和体育有关的旅游景点的体育旅游活动等。笔者及团队对体育旅游的最新分类拓宽了对体育旅游概念的理解。

旅游离开了人(游客)就不能称作旅游,体育旅游也是如此。以 De Knop 为代表的一些欧洲学者,逐渐对体育旅游者进行了深入的研究。在其论文中通过对参与型体育旅游的研究,De Knop 将体育旅游者分为三类:单纯型体育假日参与者、偶发型体育假日参与者和私密型体育假日参与者。该分类为上文中 De Knop 和 Standeven 的广义体育旅游定义打下了理论基础。De Knop 对体育旅游参与者的分类工作仍在继续,特别是如何鼓励单纯参与体育旅游的游客参与到其他与旅游相关的活动中去的研究还在进行。1996 年,日本体育旅游研究的先驱,当时任教于鹿屋体育大学的野川春夫教授对体育旅游者进行了定义和分类。他认为体育旅游者的定义应该是 Kenyon 在 1969 年的对运动参与的定义以及世界旅游组织对游客的定义的组合,也就是指"以参加体育赛事为目的,在一个赛事地方至少停留 24 小时,并把赛事举办地作为第二景点的临时访问者"。根据旅行的目的,体育旅游者应该分成以下三类:赛事参加者、赛事观看者和运动爱好者。赛事参加者是指那些旅行的主要目的是参加有组织的竞技或者非竞技体育赛事的人;赛事观看者是指那些旅行的主要目的是观看有组织体育赛事的人;运动爱好者指那些旅行的主要目的是参加自我组织的体育运动的人。

1996 年,Gammon 和 Robinson 指出旅游体育和体育旅游的区别在于旅游的动机不同,具体地讲就是旅游体育把运动作为旅行中的次要活动。因此,Gammon 和 Robinson 把旅游体育定义为"人们到自己通常生活环境以外的地方旅行或者过夜,把参加主动或者被动、竞争或者休闲体育活动作为第二活动",如前往三亚度假村度假,在度假期间打网球或者高尔夫球就是旅游期间的体育活动。

综上所述,笔者对体育旅游者的分类做了对比(表 1.1),也对国外关于体育旅游、体育旅游者和旅游体育的分类与定义做了系统性的梳理,并列出了关键词(表 1.2),表中没有将英文原始概念翻译成中文,旨在让读者更好地理解原始的相关概念。

表 1.1　体育旅游者的分类介绍

研究者(年份)	分　类	分类说明	分类举例
De Knop (1990)	单纯型体育假日参与者(the pure sport holiday lovers)	假期主要以运动参与为主	专门前往度假村度假、打高尔夫,去法国沙莫尼滑雪
	偶发型体育假日参与者(the incidental sport holiday lovers)	运动并不是假期的主体,然而个人会在假期中使用运动设施	使用酒店的健身器材,在度假村里偶尔打网球

续表

研究者（年份）	分　类	分类说明	分类举例
De Knop（1990）	私密型体育假日参与者（the private sportive holiday lovers）	人们参与非组织性的体育运动	潜水、皮划艇
Nogawa, Yamaguchi, Hagi（1996）	赛事参加者（event participants）	主要的旅游目的是参加有组织的竞技或者非竞技体育赛事	参加北京奥运会
	赛事观看者（event spectators）	旅行的主要目的是观看有组织体育赛事	观看 NBA 比赛
	运动爱好者（sport lovers）	因自己的爱好而参与体育旅游	滑雪
Gibson（1999）	参与型体育旅游者（active sport tourist）	在自己常规居住环境以外的地方旅游，参与运动相关的活动	参加马拉松跑
	赛事型体育旅游者（event sport tourist）	游客到自己常规居住环境以外的地方观看体育比赛	观看奥运会或大学球类比赛
	怀旧型体育旅游者（nostalgia sport tourist）	通过旅游去参观体育博物馆、名人堂、体育场和越来越多的类似于游轮和餐厅的体育主题景点	参观运动主题餐厅、体育博物馆、奥林匹克场馆

表 1.2　体育旅游、体育旅游者和旅游体育的概念比较

概　念	来　源	定　义	关键词
sport tourism（体育旅游）	*Special Interest Tourism*（专著）	travel for non-commercial reasons to participate or observe sporting activities away from the home range	non-commercial, participate, observe
	Proceedings of the International Seminar and Workshop on Outdoor Education, Recreation and Sport Tourism（大会论文集）	an expression of a pattern of behavior of people during certain periods of leisure time — such as vacation time, which is done partly in specially attractive natural settings and partly in artificial sports and physical recreation facilities in the outdoors	behavior leisure, outdoors
	Tourism Recreation Research（学术期刊）	holidays involving sporting activity either as a spectator or participant	holidays, spectator, participant

续表

概　念	来　源	定　义	关键词
sport tourism（体育旅游）	*Sport Management Review*（学术期刊）	leisure-based travel that takes individuals temporarily outside of their home communities to participate in physical activities, to watch physical activities, or to venerate attractions associated with physical activity	leisure, watch, venerate
	Sport Tourism（专著）	all forms of active and passive involvement in sporting activity, participated in casually or in an organized way for noncommercial or business/commercial reasons, that necessitate travel away from home and work locality	active, passive, noncommercial, commercial
	International Journal of Tourism Research（学术期刊）	sport-based travel away from the home environment for a limited time, where sport is characterized by unique rule sets, competition related to physical prowess, and a playful nature	limited time, physical prowess, playful nature
	Sports Tourism: Participants, Policy and Providers（专著）	sports tourism be viewed as a social, economic and cultural phenomenon arising from the unique interactions between activity and place; the travel element, including journeys and the way such travel is organized, is an interaction which links people with places; and the motives relate to the interaction between people and activities as well as places	social, economic, cultural, phenomenon
sport tourist（体育旅游者）	*Journal of Travel Research*（学术期刊）	a temporary visitor staying at least 24 h in the event area and whose primary purpose is to participate in a sports event with the area being a secondary attraction	temporary, participate secondary, attraction

续表

概念	来源	定义	关键词
sport tourist（体育旅游者）	*Journal of Sport Tourism*（学术期刊）	individuals and/or groups of people who actively or passively participate in competitive or recreational sport, while travelling to and/or staying in places outside their usual environment (sport as the primary motivation of travel)	actively, passively, participate, motivation
tourism sport（旅游体育）	*Journal of Sport Tourism*（学术期刊）	persons travelling to and/or staying in places outside their usual environment and participating in, actively or passively, a competitive or recreational sport as a secondary activity	actively, passively, secondary activity

2017 年，美国学者 Rheenen、罗马尼亚学者 Cernaianu 和法国学者 Sobry 以 1993～2014 年在 *Journal of Sport and Tourism* 期刊中发表的 517 篇文章为研究对象，从学术演变和对体育旅游相关认知论的重点概念和定义出发，对其进行了分析，总结出体育旅游概念的五大维度（图 1.3）。在所有文章中出现频率最高的维度是“体育运动是旅游的动机”（90%），这里的体育运动不仅仅指的是身体运动和体育项目，还代表社会的大机构。第二维度是“空间”（70%），具体来讲就是旅游目的地和场所。第三个维度是“时间”（36.67%），这里的时间既可以指旅游全程用时，也可以指单一参加项目的时间，体育旅游计算前者，而旅游体育计算后者。第四个维度是“参与者的体验感”（33.33%），包括满意度、制约因素、健康的关系和休

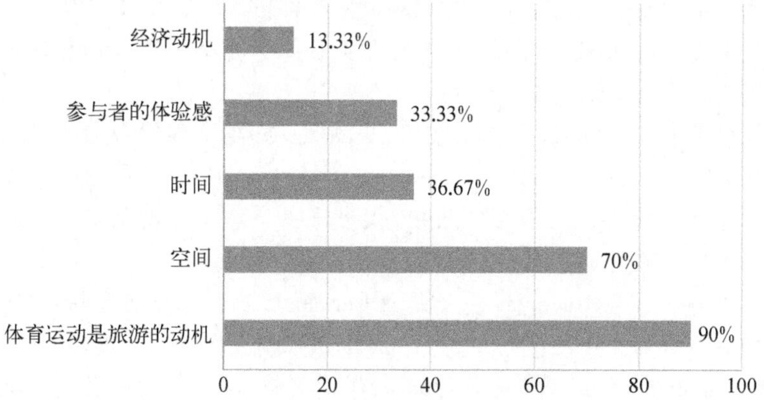

图 1.3　体育旅游概念的五大维度分布

闲的效应。最后一个维度是将体育旅游作为产业和市场的“经济动机”(13.33%)。以上五大维度构成了体育旅游概念中的最主要的五个方面。

通过这些比较我们可以看出,研究体育旅游定义的人主要以西方学者居多。由于各个国家的国情不同,体育赛事具有集中性的特性,比如观赛旅游者有可能要提前一天或者一两个小时到比赛现场,离场也需要注意时间,以及注意赛后举行庆祝活动等。各个国家对距离的理解也不一样,这造成了跨文化下对体育旅游在概念上的偏差。以我国和欧洲为例,从南京到上海观看比赛与从巴黎到布鲁塞尔观看比赛相比,前者是同一国家的两个城市,后者是不同国家的两个城市,两者城市间的距离几乎一样,但前者城市间因高铁的方便和快捷,缩短了距离感,所以不同的文化对距离的感受也是不同的。从五大维度可以看到,西方学者对旅游的动机最重视,而经济动机排在最后,仅占13.33%。这说明西方学者认为体育旅游的概念重点在于体育运动是旅游的动机而不是在经济动机。也就是说先把与体育旅游相关的变量研究好,经济动机就会自然而然地得到重视,这表明西方的体育旅游并不是先重视经济效应,而是注重其他方面优先发展。

根据中国体育和旅游的发展现状,我们在对体育旅游的定义里不强调距离、时间和以经济效应为动机,因此本书对体育旅游的定义如下:体育旅游就是在有限的时间内,远离自己常规生活环境,参加和体育与康养相关的活动,或者参观和体育相关设施的旅游活动。定义中提出了“康养(wellness)”一词,这是对体育旅游的一个新的补充。“康养”一词也符合当今我国的体育旅游发展特色,本书第五章将以日本为例介绍康养旅游的现状。

思考与讨论

1. 列举国际上有百年以上历史的著名体育赛事,并说明职业体育赛事和联盟的早期出现与传承对体育旅游的发展做出了怎样的贡献?

2. 列举我国著名体育赛事,并说明职业体育赛事和联盟的出现和发展对我国体育旅游发展的贡献是什么?

3. 体育旅游与精品/标志性赛事、户外运动、健康和健身活动的交叉部分是什么?

4. 在体育旅游的众多定义当中,指出哪一个体育旅游的定义更能反映当今中国体育旅游的状况,并说明原因。

5. 在美国学者Rheenen、罗马尼亚Cernaianu和法国学者Sobry总结出的体育旅游概念的五大维度当中,为什么“经济效应”是最后一位?

6. “sport tourism”与“sports tourism”两者意思上有什么区别?翻译成“体育旅游”还是“运动旅游”更为贴切?为什么?

第二章 国内外体育旅游的发展解析

第一节 国外体育旅游的兴起与演变

Zurn 和 Sue Glyptis 是世界上最早对体育旅游展开研究的两位学者。早在 1973 年,Zurn 在波兰第二大城市克拉科夫对国民的运动、游憩和旅游行为进行了问卷调查。该项调查开启了世界体育旅游研究的序幕,但可惜并未深入地进行研究。随后直到 1986 年,体育旅游的研究一直都没有被重视起来。Sue Glyptis 的研究成果主要在于为解决体育旅游领域的许多焦点问题打下理论基础,她认为可以利用现存的社区公共服务设施,如当地城市拥有和管理的公共体育设施来发展体育旅游。她还讲道:"在那些参与者、供应商和地方当局的脑袋里,体育和旅游之间似乎不存在什么联系,那些国家层面上的政策制定者、规划者和公共服务提供者甚至在抵制这种联系的产生。"因此,西方学者们批评性地指出在西方社会体育部门与旅游部门之间的隔阂至今依然存在,甚至在变得越来越深刻。这种隔阂在不同的国家有不同的程度,其中美国在这方面做出了大胆的尝试。我们将在本书的后面重点讲述美国体育旅游区域合作组织的现状和日本体育旅游的现状。

Gibson 和 Yiannakis 的研究不同于其他体育旅游研究,他们研究了人们对旅游角色(行为)的偏好。研究发现,那些运动爱好者(通过旅行去参与喜爱的体育运动,如滑雪或打高尔夫球的人)的偏好在整个生命周期中呈下降趋势,然而当这些爱好者年老时,他们仍然是这些体育运动核心参与成员。在主流旅游文献中,还有一些关于滑雪的研究,主要是了解参与模式、参与制约因素和家庭的旅游模式。这些研究并未涉足更深层次的体育旅游领域。对于一些大型体育赛事的研究也是如此,这些奥运会相关研究大部分都是针对旅游对奥运会举办地居民所产生的影响。旅游期刊上的一系列研究调查了当地居民对举办奥运会的看法,研究发现大部分奥运会的经济效益相当令人失望。但不论是正面还是负面,奥运会的举办的确对社会产生了相当程度的影响。尽管这些研究人员都没有将他们的研究置于体育旅游的背景下,但他们的成果为体育界学者对于大型赛事的研究奠定了基础。

1999 年,James Higham 发表的评论探讨了举办大型体育赛事的消极影响,他提倡用所谓的"小规模"体育赛事将大型赛事取而代之。Higham 是体育旅游界的知名学者,他和 Tom Hinch 共同的研究课题更是为人所知。Higham 是一名注重可持续发展的旅游学者,这使得他对举办大型体育赛事经常发生的浪费问题感到担忧,他是第一个建议把体育旅游的研究重点放在常规赛体育赛事和业余体育赛事的学者。在与 Hinch 的研究中,他们建议通过关注超级橄榄球男子职业联赛(南半球及亚洲最大的联合橄榄球俱乐部锦标赛,目前有澳大利亚、新西兰、南非、阿根廷和日本等国的共 15 个队参加)等赛事来克服社区中与旅游相关的季节性问题。Gibson 与她的同事同样也在探索如何利用季节性体育赛事促进旅游业的发展。相对于英式橄榄球,Gibson 研究了美国大学美式橄榄球和通过大学体育发展起来的大学城旅游。相类似的研究还有,Fairley 对在常规赛季中球迷为跟随他们的主队而长距离旅行的行为进行的研究。

在 21 世纪初期,出现了另外一个与赛事规模相关的争论。人们对为举办大型体育赛事,特别是奥运会所投入的资源(经济成本)日益关注。事实上,许多城市并未通过举办大型体育赛事获利。《奥林匹克章程》第 2 条第 14 项将奥运会赛后影响(遗产效果)作为举办奥运会的关键目标。随后,一些学者开始了这一领域的研究,该研究课题至今仍在继续。Holger Preuss 构建了奥运会有形遗产与无形遗产概念化模型。过去十年间,争论一直集中在究竟需要多久才能分辨出奥运会为举办城市带来的究竟是有益的体育遗产还只是单纯的影响。相较于举办大型赛事带来的遗产,组织委员会可能更关心成功举办赛事所需要的后勤保障工作。举办大型体育赛事究竟能不能为举办城市带来经济收益,人们对此的疑虑逐渐加深。此外,人们还开始关注大型体育赛事所带来的以无形影响和遗产为中心的潜在社会影响,如社会资本。近年来,随着体育学和旅游学文献中对可持续发展关注的增长,我们能看到学界逐渐将研究焦点集中在举办大型赛事所引起的环境影响上。

作为体育旅游相关领域的专家,美国学者 Laurence Chalip 认为我们应该将大型赛事后取得的关注(也就是学术界经常讲的体育遗产)当作一种筹码。体育遗产聚焦在赛事本身的结果,而非举办地点。因此,人们开始聚焦于每个举办地的独特内涵和如何让赛事举办地获得最大利益。Chalip 也加入了于 2000 年悉尼奥运会前成立的澳大利亚研究团队。为解决举办赛事效果的困扰,原始经济利益问题以及赛事结束后的社会效益问题,Chalip 引入了赛事杠杆的概念。在澳大利亚黄金海岸的研究中，他认为经济效益和其他效益不仅应体现在社区中，而且还必须在战略上实现这些利益。在关于产出杠杆的讨论中，Chalip 建议不要将重点放在赛事影响上，而是将其放在最大化赛事对于社区的影响过程上。Chalip 认为："体育赛事的举办者，不应只是期待着赛事的预期结果，还应制定和实施战略规划，充分利用每个赛事提供的机会。"赛事杠杆理论逐渐成为体育赛事旅游领域的核心理论。赛事杠杆理论将赛事作为"种子资本"，并从中巧妙地制定了产生效益的策略。赛事杠杆理论采用事前策略，在赛事的规划阶段通过巧妙设计实现预期结果，而不是采取事后策略，在赛事结束后检查赛事影响和赛事遗产。鉴于举办目的地经常使用大量的纳税人资金来竞标和举办体育赛事，Chalip 强调赛事主办方和道义绑定在一起使赛事取得最大化利润，并将利润分配超越出主办城市范围内。最新研究表明，在赛事权利所有者与主办城市之间签订的协议中，主办城市往往由于优先考虑全球供应商而非当地企业，从而降低了主办地从赛事中获益的潜力。

针对举办大型体育赛事所带来的种种负面影响，Higham 认为，社区应将注意力集中在小型体育赛事上。社区将举办赛事逐渐作为发展当地体育旅游的主要手段，比如在美国，地方旅游和政府机构专门负责竞标和组织小型体育赛事。这些体育委员会由旅游营销税的资助成立，资助体育委员会的理由在于，这些资金的投入会从小规模的体育赛事的观众和参与者的身上产生更多的收入。在美国和其他许多西方国家，青少年体育赛事的数量在过去十年中显著增加，据预测显示，美国与青少年体育赛事相关的旅行是一项价值 90 亿美元的产业。虽然旅游目的地正在采取过去大型赛事的成功经验来组织小型赛事，但依然需要更多的方法来创造和检验小规模活动的杠杆策略。

让我们回顾一下过去一直在讨论的不同形式和规模的体育旅游。无论是大规模还是小规模体育赛事，其中最受人关注的便是体育赛事本身。事实上，包括澳大利亚、英国、加拿大和南非在内的许多国家均尝试过利用体育旅游作为促进旅游发展的工具，不幸的是，这些尝试并非那么成功，很大程度是因为这些国家太过关注于在旅游目的地举办大型体育赛事，却忽略了小规模体育赛事和其他形式体育旅游的积极作用。

赛事组合（event portfolio）就是指不能仅仅考虑单一赛事，要考虑到旅游目的地的一系列赛事组合，逐渐倾向于一系列小型赛事。投资组合作为金融管理的一种手段，可以用同样的理念把旅游目的地举办的赛事作为组合，在最大化赛事资源和利益、降低投资风险的同时，还可以促进赛事可持续发展。投资组合方法提倡多赛事利益相关者之间的协作、协调和交叉利用，从而最大化旅游目的地利益。通过赛事组合，旅游目的地可以制订针对不同目标市场的营销策略，将赛事按照时间、空间分配到整个旅游目的地，并且与赛事举办地共享咨询与资源。然而，目前大多数赛事投资组合的研究还局限于概念化上或者集中在战略上，未能实现赛事组合的目的，该领域亟须学者们进行更深入的研究。

将研究重点集中在体育赛事旅游上导致了过去十年间针对积极型体育旅游和怀旧型体育旅游的研究相当有限。大多数针对积极型体育旅游的研究都关注于积极型赛事的实际参与者，对传统高尔夫或冰雪体育旅游者的研究偏少。值得一提的是，也有几个研究例外，例如，近期对积极型体育旅游碳足迹(carbon footprint)的研究和对骑行赛事的研究数量持续增长。

对于怀旧型体育旅游的研究一直很少，部分原因在于怀旧型体育旅游的概念模糊不清，对怀旧型体育旅游是否仅仅属于遗产旅游的一部分，无法做出定论。但有一小部分研究者一直致力于怀旧型体育旅游的研究，这帮助我们理解了体育迷对体育设施的依恋，围绕体育历史的城镇主题、社会团体和体验，以及最近与环法自行车赛相关的积极性体育旅游与怀旧体育旅游的融合。尽管如此，该领域仍然只是体育旅游领域中的一小部分。

第二节 美国体育对旅游业的影响

美国旅行协会(U.S. Travel Association)是一个非营利性国家组织，总部设在美国首都华盛顿，该协会每年都会公布美国的旅游行业相关信息。本节以 2018 年美国体育对旅游业的影响为例，进行相关总结。

一、总览

美国旅行协会 2018 年的报告中显示，包括美国、加拿大和墨西哥在内的北美体育市场总额为 711 亿美元，并将以每年 3.2%的速度逐年递增。预计到 2023 年将会达到 831 亿美元。

2018 年，在美国职业棒球大联盟(MLB)、美国职业橄榄球大联盟(NFL)、美国国家冰球联盟(NHL)、美国职业篮球联赛(NBA)、美国职业足球大联盟(MLS)5 个主要体育联盟中，有超过 1.5 亿人观看了职业体育赛事(图 2.1)。其中职业棒球联赛的观众达到了 7 000 万人次，职业足球联赛的观众也达到了 900 万人次。

二、美国体育旅游对美国国内的影响

在美国，人们不仅可以在当地参加体育赛事，也可以通过旅游的形式参加体育赛事。无论是在美国大学生体育协会锦标赛上为母校加油，或是参加“超

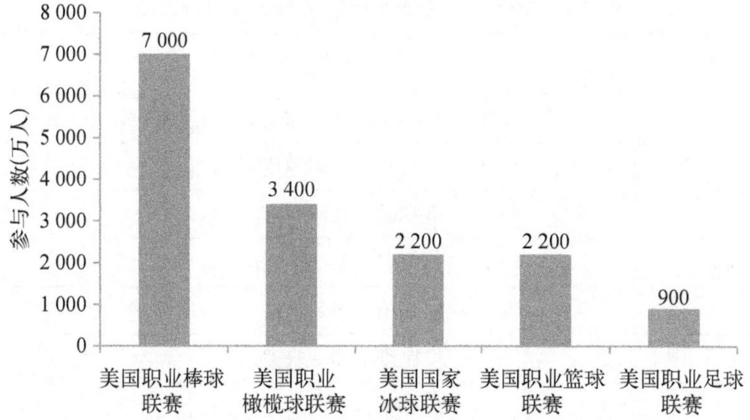

图 2.1　2018 年美国五大职业体育赛事现场观众人数

级碗”(美国职业橄榄球大联盟的年度冠军赛)这样的大型赛事,还是在亚利桑那州和佛罗里达州的春季训练营中享受阳光和进行棒球训练,甚至是去观看孩子的足球锦标赛,体育和旅行都是息息相关的。

2018 年,美国的体育旅游占国内旅游市场总额的 8%,有 1.9 亿人次的美国旅游者出席或参加体育赛事。令人印象深刻的是,这 1.9 亿人次共计花费了 410 亿美元。从支出的行业分布可知,酒店业与体育赛事息息相关,已成为体育旅游重要的组成部分(图 2.2)。在美国,以希尔顿、万豪、豪生为代表的国际品牌和连锁酒店都有规模不同的健身房,且多数酒店有泳池,这些酒店的发展也为体育旅游提供了广阔的空间。

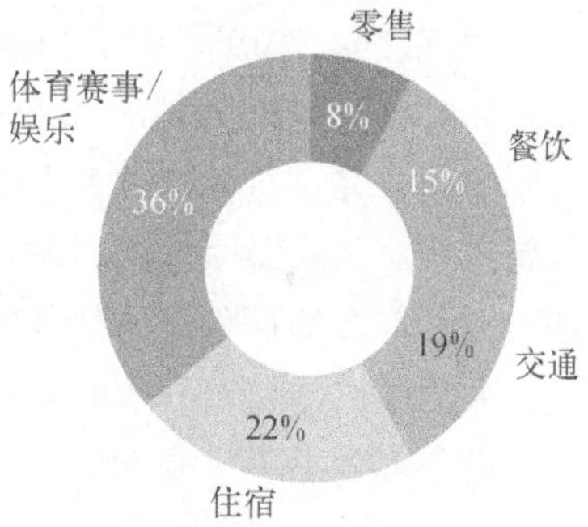

图 2.2　2018 年美国国内体育旅游支出行业分布图

三、美国体育旅游的国际影响

为了获得独特的美国体育旅游体验,从海外到美国参与体育赛事的国际游客量也越来越多。根据美国商务部的数据显示,2018 年,美国接待了 8 000 万国际游客。这些旅客在美国的平均停留时间为 17.5 晚,平均每次游览 1.4 个州。非首次游览的游客对探索沿海门户城市以外的地区和参观美国境内的更多地方特别感兴趣。2018 年,赴美国的国际旅客人均消费为 2 500 美元,几乎是平均消费为 900 美元的美国国内旅客的 3 倍。2018 年海外旅客访问美国最热门的前十目的地如表 2.1 所示(数据不包括加拿大和墨西哥,所有市场占有率不少于 0.10%及样本数目不少于 100 个的都会区,城市名称与美国人口普查局相符,大都会统计区或大都会分区)。

表 2.1　2018 年海外旅客访问美国的热门目的地

排　名	目的地名称
1	纽约—怀特普莱恩斯、韦恩
2	迈阿密—迈阿密海滩、肯德尔
3	洛杉矶—长滩、格伦代尔
4	奥兰多—基西米、桑福德
5	旧金山—圣马特奥、雷德伍德城
6	拉斯维加斯—天堂
7	火奴鲁鲁
8	华盛顿哥伦比亚特区
9	波士顿—昆西
10	芝加哥—乔利埃特、内珀维尔

数据来源：美国商务部。

研究表明,2019 年 37%的赴美国际旅客对访美时的 NBA、NFL 或 MLB 的赛事体验兴趣度比 2018 年高 24%,这意味着这些赛事将为美国吸引近 3 000 万的国际游客。在各国游客当中,40%的韩国游客对棒球感兴趣,近 40%的墨西哥游客对美式橄榄球感兴趣,而超过 30%的中国游客对职业篮球赛事感兴趣。因此许多体育联盟为刺激新的需求,开发新的全球球迷基地,正在国际上进行大力推广,旅游目的地也将这种增长视为吸引新游客进入市场的机会。美国商务部列出了 2018 年美国体育旅游客源市场排名前列的国家(表 2.2)。

表 2.2　2018 年美国体育旅游国际客源市场各国排名

排　名	国　家	游客数(万人)
1	加拿大	2 120
2	墨西哥	1 850
3	英　国	470
4	日　本	350
5	中　国	300
6	韩　国	220
7	巴　西	220
8	德　国	210
9	法　国	180

续表

排　名	国　家	游客数(万人)
10	印　度	140
11	澳大利亚	140
12	意大利	110
13	阿根廷	100
总人数		6 410

数据来源：美国商务部。

此外,从各大体育联盟的职业运动员人数具体数据可以进一步看到美国体育旅游的国际影响。2019 年 MLS 赛季中,在 24 个球队的 628 名球员中,有超过一半(55%)为非美国出生的球员,他们主要来自加拿大、阿根廷、巴西、哥伦比亚、加纳、法国、哥斯达黎加和委内瑞拉。2019 年,MLB 的球员中有 29%出生于外国,遍布 21 个国家,创历史新高。NHL 的球队中加拿大球员最多,占总数的 44%,其次是美国、瑞典和俄罗斯。NBA 现在有来自 42 个国家/地区的 100 多名国际球员。

四、美国国内青少年竞技体育与体育旅游

各大联赛并不只代表体育旅游的主流。在美国国内,随着青年体育运动的兴起,美国各地的家庭越来越多地将假期与孩子的体育活动结合在一起,从而产生了“巡回赛度假(tour vacation)”。有数据显示：美国的青少年体育经济包括旅行、设备、会员费、设施租赁等。2018 年的市场规模为 170 亿美元,自 2010 年以来增长了 55%。2018 年有 2%的休闲旅游,包括出席或参加青年体育赛事。

以上是根据美国旅游协会提供的信息整理而成的。以国家为单位,和中国做横向对比,作为案例研究,是很有价值的。尤其是美国青少年竞技体育和体育旅游的协同发展,是值得我们参考和学习的。虽然大学体育并没有出现在美国旅游协会提供的信息中,但是我们将在本书中穿插着介绍美国大学体育赛事和旅游业协同发展的情况。

第三节　我国体育旅游的现状与趋向

我国的体育旅游研究相对欧美国家起步较晚,主要原因是我国学界针对旅游的研究仅开展了四十余年,而对体育领域的研究相对更晚。体育旅游业作为旅游与体育相结合的新兴产业,在国内的研究更是十分有

限。1984年,王占春在《中国学校体育》月刊上发表文章《旅行旅游与体育》,首先意识到了体育和旅游之间的关系:“许多男女青年生龙活虎般地勇攀高峰,把天都踩在脚下。但是,这并不是所有的青年人都可以办到的。有的人到了天都脚下,已是精疲力竭无能为力,有的则望而生畏,缺乏必要的胆量和信心。”真正开始将体育旅游作为一个独立的研究领域进行研究的学者是刘杰,以及他1991年在《哈尔滨体育学院学报》上发表的《论体育旅游》,文中将体育旅游分为运动型、观赏型和兼备型。自此,我国学者开始从不同角度给出了体育旅游的概念和定义(表2.3)。

表2.3 中国学者对体育旅游定义的研究

作者、出处(年份)	定义	关键词
韩鲁安、杨春青《体育旅游学初探》(1998)	对体育旅游的认识,可以广义地概括为旅游者在旅游中所从事的各种身体娱乐、身体锻炼、体育竞赛、体育康复及体育文化交流活动等与旅游地、体育旅游企业及社会之间关系的总和。体育旅游可以狭义地理解为:为了满足和适应旅游者的各种体育需求,借助多种多样的体育活动,并充分发挥其诸种功能,使旅游者的身心得到和谐发展,从而达到促进社会物质文明和精神文明、丰富社会文化生活的目的的一种社会活动	关系的总和、社会活动
朱竞梅《开发体育旅游项目问题初探》(2000)	从狭义上讲,它是以参加各类体育竞赛、会议、交流等为主要目的的旅游;从广义上讲,是以各种球类运动和水上水下运动、各类探险活动、康体休闲运动、汽车自行车越野、狩猎骑马、棋牌武术等为主要目的和内容的旅游,是旅游科学与体育科学交叉渗透而产生的一个新领域	交叉渗透、新领域
闵健《体育旅游及其界定》(2002)	体育旅游是人们以参与和观看体育运动为目的,或以体育为主要内容的一种旅游活动形式	体育运动、旅游活动
谭白英、邹蓉《体育旅游在中国的发展》(2002)	体育旅游即以非营利目的离开家庭所在地,以前往某一目的地参与或观摩相关体育活动为主要内容的主题旅游。它是体育产业与旅游产业结合的产物,具有集竞技与旅游休闲于一体的特性	非营利、主题旅游
张金桥《关于体育旅游的若干思考》(2004)	体育旅游是非定居者出于非营利目的而进行的以体育为主要内容的旅行和逗留,以及由此所引起的各种现象和关系的总和	非营利、现象和关系的总和

续表

作者、出处(年份)	定　　义	关键词
于素梅《体育旅游的内涵及可持续发展研究》(2005)	体育旅游是以旅游和体育为双重目的,以欣赏、观看或参与体育活动为部分内容的旅行游览活动	双重目的、旅行游览活动
付业勤、郑向敏《国外体育旅游的内涵与类型》(2010)	为了非营利、非工作的理由离开居住地或工作地,从事旅游活动,旅游者在旅游活动中,具有亲自参与体育活动、观赏体育比赛或参观体育运动设施等行为,这样的旅游方式可以称之为体育旅游	非营利、体育导向
沈丽玲、应淑娟《体育旅游产业特征及发展策略》(2018)	体育旅游是以体育运动为核心,以现场观赛、参与体验及参观游览为主要形式,以满足健康娱乐、旅游休闲为目的,向大众提供相关产品和服务的一系列经济活动,涉及健身休闲、竞赛表演、装备制造、设施建设等业态	体育运动,经济活动、业态

在体育旅游相关研究的发文量方面,截至 2019 年 1 月 29 日,通过对 CNKI 文献数据库中 2018 年以前(包括 2018 年)的文献进行分析,分别选择"硕博士"和"期刊",在"主题"检索条件中选择"体育旅游"为主题词分别进行检索,共检索到 8 211 文献,其中"硕博士"学位论文 1 196 篇,期刊论文 7 015 篇,发表年度趋势如图 2.3。

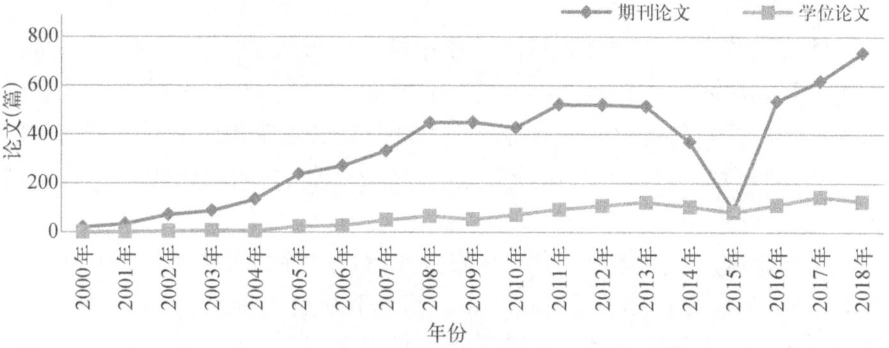

图 2.3　2000~2018 年体育旅游相关文献发表年度趋势

从图中可以看出,2000 年是体育旅游相关研究的开始。在此之前,有关体育旅游的期刊论文数量很少,而有关体育旅游的学位论文 2001 年才出现。期刊论文数量自 2000 年呈逐步增长趋势,学位论文数量自 2005 年进入平稳增长期。但是体育旅游相关研究在 2013~2015 年又急剧减少,进入短暂的低谷期,而后快速回升,进入新一轮的高峰期。总体而言,有关体育旅游的研究论文发表数量呈现逐年上升趋势。

研究层次方面，通过检索得到了 8 211 篇文献的研究层次分布情况（图 2.4）。图中表明基础研究是目前体育旅游的最主要研究领域（占论文的 73.59%），由于体育旅游行业在我国仍属于新兴行业，因此发展初期需要大量基础理论支持。另外，有 17.85%的论文涉及行业指导，有 3.58%的论文涉及政策研究。随着基础研究的不断深入，主要研究对象将从基础研究逐渐转向行业指导与政策研究，应用学术研究成果指导体育旅游行业在发展过程中面临的实际问题。

研究主题方面，研究内容涉及 CNKI 检索分类标准的 30 个主题词，经过人工筛选，选择了与体育旅游关系最为密切的十大研究主题，其具体分布情况见图 2.5。

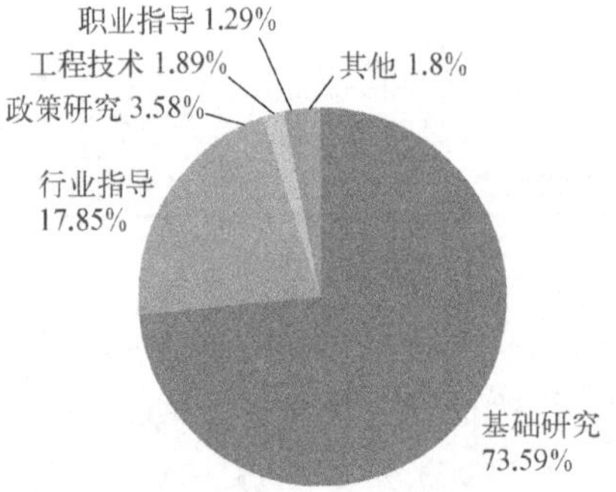

图 2.4　体育旅游文献研究层次分布

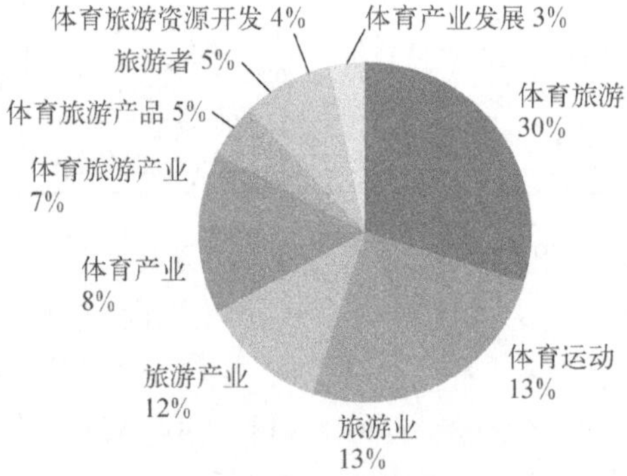

图 2.5　体育旅游文献研究主题分布

体育旅游产业是体育业与旅游业相结合而形成的新兴产业，是从游山玩水的观光旅游中逐渐脱离出来的一种特色旅游行业，是两种学科交叉渗透而产生的。目前我国体育旅游产业的研究热点主要集中在对于发展体育旅游产业、开发体育旅游产业、冰雪体育旅游产业、体育旅游产业模式的研究上。

体育旅游产品是体育旅游者从旅游开始到旅游结束整个过程所包含的内容，该产品包含有形和无形的产品。目前我国体育旅游产品的研究热点主要集中在对于不同种类体育旅游产品的开发，以及不同地区体育旅游产品的设计上。

体育旅游资源即相对稳定的地理环境，经过历史的沉淀具有一定的文化内涵，能够对旅游者产生吸引力，使其有强烈的旅行动机，并能用来开展体育活动，多数人认为有价值的各种自然、人文等都可以称为体育旅游资源。目前我国对体育旅游资源的研究主要包括体育旅游资源开发、体育旅游资源现状、体育旅游人文资源、各地区体育旅游资源研究等方面。

体育旅游的发展离不开学术的支持。大量的从业人员也需要高等院校培养。目前,我国开设体育旅游专业的院校有上海体育学院和成都体育学院。沈阳体育学院早在2004年前后开设旅游专业的时候,就有体育旅游方向。其他旅游专业的院校,因为受地理、历史、经济和管理学科的影响,还没有专门开设体育旅游专业或者方向。可喜的是,上海体育学院设立了我国第一个体育旅游方向的硕士点。虽然国内还没有一本专门的体育旅游学术期刊,但是体育旅游的教材却已经相继出版。夏敏慧早在2005年就出版了《海南体育旅游开发研究》,该书可以认为是我国最早的体育旅游教材之一;2013年,成都体育学院柳伯力出版了《体育旅游概论》;2016年,上海体育学院黄海燕和张林出版了《体育旅游》;2018年,曾博伟和张晓宇出版了《体育旅游发展新论》。至今,尚没有兼备体育与旅游学术背景的学者所撰写的体育旅游相关教材面世。另外这些专著和教材多集中在区域或者政策方面,还没有从国际化视角或者具体案例直击体育旅游的内涵。

事实上,无论是体育旅游的研究领域还是实践领域,对体育赛事的过度关注,让体育旅游在过去五年里黯然失色。世界上许多赛事与赛事管理领域学者都不赞同要让这些体育赛事占据几乎整个体育旅游业。然而,在过去几年中,产业方面发起的一些活动似乎重新激发了人们对体育旅游的兴趣,特别是在社区层面。许多西方国家开始重视社区层面上与青少年运动项目有关的旅行赛事和体育赛事所起到的作用,而非像二十多年前一样只关注大型体育赛事的行业推动作用。中国的体育旅游注重和体育产业相结合,更强调体育投入和产出的效果,也就是我们通常所关注的经济效应。欧美国家正相反,对体育旅游的经济效应的关注相对淡化,而是关注培养体育文化和体育相关产业消费文化。

思考与讨论

1. Gibson 和 Yiannakis 的研究不同于其他体育旅游研究的方面是什么?

2. 为什么举办大型体育赛事会有消极影响?怎么解决这个问题?

3. 什么是赛事组合(event portfolio)?举例说明"通过赛事组合,旅游目的地可以制定针对不同目标市场的营销策略,将赛事按照时间、空间分配到整个旅游目的地,并且与赛事举办地共享知识与资源"。

4. 中国体育旅游研究为什么相对欧美国家起步较晚?

5. 中国体育旅游的研究重点在哪里?

6. 与国外体育旅游研究相比,中国体育旅游研究应该注重哪几大研究方向?

第三章 体育旅游和区域发展——以美国为例

第一节 体育旅游区域概念及发展概况

体育要素作为旅游资源被开发包装，一直是旅游产业和体育产业转型升级中的一个突破点，体育旅游因其"体育"和"旅游"的双重属性，在产业实践和理论研究中长期遭遇瓶颈，以致体育旅游的属性、产业形态、发展模式至今还处于混沌状态。当前正值我国产业供给侧结构性改革的转型期，在可持续发展理念下探讨体育要素的旅游开发模式和价值效应恰逢其时。

一、体育旅游的必然性

体育旅游不把重点放在某个景区，不依靠景区模式去发展，不强调从宏观发展旅游，而是以区域为基点发展旅游。体育旅游也体现了"主体"和"载体"的区分。当前提倡的全域旅游是以旅游为"主体"，但是体育旅游强调的是将体育作为"载体"作用，用体育去带动与旅游相关的业态发展。

二、澳大利亚、英国及加拿大等国体育旅游区域组织发展概况

2010 年之后，由于不定期、充满挑战和高风险等因素，大型国际赛事的举办费用不断飙升，越来越多的体育旅游目的地侧重于引入具有较低风险的定期或年度赛事，这些赛事产生了更广泛的经济和社会效益。因此，各国政府、城市和目的地都在重新考虑他们的体育战略，以创造更多的社会利益。在众多的体育赛事主办地当中，澳大利亚、英国和加拿大都有独特的管理运营机构和体育旅游组织。

（一）澳大利亚

19 世纪末和 20 世纪初，澳大利亚是体育目的地营销的先驱之一，2000 年在悉尼举办了奥运会，2003 年在悉尼举办了橄榄球世界杯，2006 年在墨尔

本举办了英联邦运动会。作为主要营销体育赛事的澳大利亚旅游局,其主要战略包括:提高人们对澳大利亚体育活动日程表的认识;吸引国际游客参加这些活动;鼓励游客长期逗留。澳大利亚旅游局首席执行官 John O'Sullivan 曾指出:"17%的国际游客(每年约 110 万)在逗留期间参加文化或体育活动,10%的人参加特定活动。这些国际游客往往能带来更高的经济收益,他们经常在体育赛事上逗留,花费了相当于其他国际游客两倍的平均费用。"由于竞争的加剧和这些赛事成本的上升,澳大利亚旅游局的策略已经转变为关注年度常规赛事,比如在墨尔本举行的一级方程式澳大利亚大奖赛,在阿德莱德举行的自行车巡回赛,以及在昆士兰举行的铁人长跑。随着 2015 年板球世界杯的举办,申办大型体育赛事所吸引的重点对象已经转移到了来自亚洲其他国家的游客身上。板球世界杯的举办吸引了来自印度的游客,印度游客人数激增 46%,这是有史以来印度游客访问澳大利亚人数最多的一次。2015 年澳大利亚主办的亚洲杯足球赛也同样得益于亚洲旅游业的发展,该赛事的直接支出估计为 8 100 万澳元(约 6 100 万美元),GDP 增长了 730 万澳元。

西澳大利亚旅游局是最早在澳大利亚旅游市场设立的机构之一,其目的在于为澳大利亚引入大型体育赛事。该组织最初的目标是把大型国际体育赛事,如美洲杯帆船赛和国际泳联世界游泳锦标赛,带到珀斯和西澳大利亚,以增加当地游客数量和创造收入。理念很简单:引入大型体育赛事,运动员、官员和观众会前往澳大利亚参加或观看赛事,然后到澳大利亚度假,同时增加媒体曝光。西澳大利亚旅游执行主任 Gwyn Dolphin 曾表示:"澳大利亚太远了,如果你来这里,你就得待上一段时间。大型体育赛事是把人们带到澳大利亚的一个很好的方式,而且他们总是在重大赛事之后延长逗留时间。比赛结束后,观众、运动员和官员都会借此机会游览澳大利亚。"目前,西澳大利亚旅游局的发展重点已经从吸引来自欧洲和北美的游客参加重大世界赛事转向吸引亚洲游客前往澳大利亚参加体育赛事,并发展和非洲的新伙伴关系。

(二)英国

英国体育局是负责管理精英表演和赛事的政府机构。体育赛事多年来一直是英国体育战略的核心。英国体育局赛事和国际关系主管 Simon Morton 曾表示,该机构最初的目标是将赛事带到英国,是英国籍运动员获得奖牌和奥运参赛资格的最佳机会。Morton 说:"但是在奥运会后,人们认识到这是一种相当生硬的手段,它只是达到目的的手段,而不是目的本身。"现在,这项战略已经从以获得奖牌和主办权为重点,发展为一个更广泛的领域:关注身体健康、关注精神健康、注重个人发展、注重社会和社区发展、注重经济发展五个方面。

在英国,经济发展的基础仍然是吸引赛事和对奖牌的需求,但其目标已转变为加深与其他政府部门的联系,如与卫生部门建立更牢固的关系。在这些部门中,增加普通民众的体育活动需要已受到人们日益密切的关注。从关注精英运动员转向让更多的人运动起来,很可能会导致未来赛事主办策略的改变。体育赛事往往准备周期长、间歇时间久,如何提高体育赛事的完成时间和效率是英国体育议程上的重要问题。据伦敦当局体育主管 Simon Cooper 称,在 2013 年之前伦敦当局有两个关键的战略重点:吸引英国和国际游客到伦敦;通过电视报道引起国际关注。从 2013 年起,伦敦当局增加了第三个优先事项:社会福利。为此,在 2015 年成立了新的机构来实现"伦敦体育"的新目标,该机构的宗旨是"使伦敦成为世界上最活跃的体育城市",目标是在 2020 年之前让更多的人参加体育活动。自 2013 年以来,政府已经拨出 300 万英镑支持这项运动。英国政府认为体育是社会的重要组成部分,体育治理需要做更多的工作,其目前的策略是吸引常规年度赛事的举办。

(三) 加拿大

加拿大和美国相似,有自己独有的非政府体育旅游联盟(Canadian Sport Tourism Alliance, CSTA),它成为加拿大在社区层面上推动体育旅游作为一项基层经济发展的举措。CSTA 的首席执行官 Rick Traer 表示:体育旅游业已成为加拿大的一个庞大产业,每年为加拿大经济贡献 52 亿加元(约 40 亿美元),每年有超过 200 000 项职业和业余体育赛事,是自 2006 年以来旅游业中收入增长最快的部门。虽然加拿大在吸引国际赛事方面有良好的声誉,但加拿大的体育旅游业主要是由社区间的活动驱动,这些活动全年都在进行着,通常在周末,有家庭成员和他们的孩子作为参与者或观众一起旅行。

大型国际赛事是体育旅游行业的重要组成部分。加拿大因举办冬季运动会而闻名,吸引了来自世界各地的游客,他们在比赛期间所停留的时间往往比加拿大人更长,花费也更多。在加拿大,各城市经常举办大型体育活动,以发展体育基础设施,帮助建立社区体育品牌,并创造和旅游相关的经济收益,但 CSTA 越来越重视与举办体育赛事有关的可持续性实践活动,特别是在这些实践与公共政策目标相一致的情况下。CSTA 推出了一个可持续的体育活动模板,通过更好的环境管理,促进建立和监测基本活动,以增加社会包容、志愿服务、无障碍设施,倡导尊重人权和减少废物排放风险等。温哥华体育主办单位经理 Michelle Collens 曾表示:"现在温哥华已经成为一个孤独的地方,人们经常独自吃饭,很少知道谁是他们的邻居。体育提供了一个机会,使社区团结起来,营造团结的感觉,并产生一种认同感。"2015 年,温哥华推出了“温哥华体育主办行动计划”，旨在提高吸引和主办大型体育赛事的能力，同时扩大规模，改善城市环境，促进城市的健康、绿色和群众参与性。另一方面，当NBA全明星赛于2016年2月在加拿大多伦多举行时，来自美国各地的自由行旅客在加拿大境内产生了超过1亿加元（约0.78亿美元）的经济效益，没有重大投资，也没有高昂的主办费，这是举办奥运会等重大体育赛事的低风险替代方案。温哥华将继续致力于主办大型国际体育赛事，但在追求重大国际高质量赛事之前，将寻求建立一个更可行的年度赛事基地。

从注重吸引国际大型赛事转向吸引大型赛事，同时发展可供替代的常规型年度赛事。体育成为经济发展和振兴的重要力量，但由于举办国际大型赛事伴随着高风险和巨额成本，各国纷纷将注意力放在了风险性相对较低且成本也相对较低的区域型常规体育赛事上，建立区域品牌赛事，在获得经济效益的同时也能带来社会红利，有利于社区和谐、社会稳定。

越来越多的国家将目标群体从欧洲和北美游客转向高净值*亚洲游客。在过去，举办国际大型赛事是吸引欧洲和北美游客的主要动力，但随着赛事举办成本的不断上涨，各国将注意力转移到了发展更快且人数众多的亚洲游客上。以中国为例，随着居民收入的不断增加，家庭在商品上的支出比例不断下降，而在服务方面的花费有所上升。据相关数据显示，在2013~2015年，中国家庭在餐厅就餐、娱乐、旅游、教育方面的开支达到年均两位数的增长。同时，亚洲国家制定的推进旅游业发展的政策也吸引了各国的目光。

各国从注重体育的经济利益转向无形利益。体育活动在举办城市中创造了一种充满活力的氛围，使当地居民产生一种愉悦感，促进可持续发展、提高社会凝聚力、提倡更健康和更幸福的生活等因素日益成为发展体育战略的驱动力之一。

三、美国体育旅游区域组织总括

（一）美国体育旅游组织概况

美国由50个州和1个联邦直辖特区组成，包括北极边缘的阿拉斯加以及远在太平洋赤道地区的夏威夷，总面积937万平方公里，世界排名第四；人口数量高达3.3亿，世界排名第三。

在体育旅游管理体制方面，美国政府主要采用了政策导向与经济调控的战略，分为行政管理体制和社会管理体制两方面，以提高体育旅游产业的社会效益。美国政府由国会→商务部（国家旅游局 The National Travel and Tourism Office）、内务部（公园管理局）、农业部（森林管理局）→美国各州旅

* 高净值人群一般指资产净值在100万美元以上的个人。

游局→各县旅游局→旅游区管理部门组成了体育旅游的行政管理体制；由美国旅游推广协会（GoUSA）→各州旅游协会→各县旅游协会→旅游区协会组成了体育旅游的社会管理体制。在美国体育旅游管理体制所产生的效益中最大受益方是地方政府和企业，一方面，联邦政府给予地方政府以极大的支持和自由，地方政府对当地企业在体育旅游方面的发展给予相关优惠政策，如向非营利组织捐赠的机构或个人等捐赠者予以税收优惠。另一方面，企业也为地方经济发展贡献力量，增添当地经济活力，创造就业机会。两者相互促进、相互影响，共同推动了体育旅游业的发展和体育旅游生态环境的保护。

（二）美国体育赛事与旅游协会

美国特有的体育赛事与旅游协会（Sports Events & Tourism Association，Sports ETA）是世界上最大的体育旅游组织（图 3.1）。Sports ETA 成立于 1992 年，其前身为美国国家运动委员会（National Association of Sports Commissions），于 2019 年 5 月 1 日正式更名。截至目前，Sports ETA 是美国唯一的非营利性体育旅游行业的贸易组织，以“为体育旅游市场服务”为口号，该组织在主办机构、赛事所有者和参与该行业的供应商之间提供了会员导向的沟通网络，在利益相关者之间确定和传达最佳做法，提供继续教育计划，讨论重要议题，将主办机构和活动负责人聚集在一起讨论商业机会，以经济效益为重点提升行业价值，并构建包容性人才库。Sports ETA 的主要收入来源是会费、研讨会注册、合作伙伴关系、体育赛事执行官计划和咨询服务费。该组织主要提供以下几项服务。

图 3.1　美国体育赛事与旅游协会官方标志图

1. 高水平的会员服务

只有被相关部门登记在册的组织或法人代表，才有资格在美国体育赛事与旅游协会的官方网站注册登录，通过申请并交纳一定的费用后才可成为美国体育赛事与旅游协会的会员，即 Sports ETA 会员。Sports ETA 会员可享受体育旅游行业的多项优惠折扣，如业务折扣、租车折扣、运输折扣等。Sports ETA 每周将会提供与体育赛事和旅游相关文章的邮件通知；每季度出版物的邮寄服务内容包括会员名录及其联系方式的更新、成员新闻以及行业最佳实践案例，还有 900 多个活动组织者的联系信息、会员名录以及 800 多家行业供应商*名录。

---

* 供应商包括旅馆、体育出版社、保险公司、咨询公司和研究公司、住房服务公司以及为体育旅游业提供产品和服务的其他任何公司。

2. 专业的发展机会

仅向会员开放的体育赛事执行官认证(Certified Sports Event Executive, CSEE),CSEE 是一项继续教育计划,向参与者提供有关体育赛事和旅游业相关主题的前沿知识。模块涵盖了各种主题,可提高参与者在工作场所的效率和效益,并使他们获得 CSEE 的称号。提供长期有效的会员在线学习,包括在线视频库中过去Sports ETA 体育赛事研讨会的精选分组会议录像、每年至少保持 12 次的网络研讨会以及 Sports ETA 虚拟活动市场系列,主要内容为活动所有者的经验、信息分享。

3. 有影响力的会议和活动

Sports ETA 每年举办四场大型会议,分别为 Sports ETA 体育赛事研讨会、Sports ETA 4S 峰会、Sports ETA 首席执行官峰会和 Sports ETA 女性峰会。其中 Sports ETA 体育赛事研讨会是由 Sports ETA 原创的体育赛事和旅游业会议。自 1992 年以来,该研讨会以体育市场为特色,为体育赛事和旅游专业人士提供产生可衡量投资回报率的解决方案,是体育赛事和旅游市场中规模最大的反向贸易展。该研讨会每年春季举办,只有来自主办机构、展览活动所有者和供应商的会员才有资格申请参加体育市场预约,Sports ETA 会员可享受注册折扣。Sports ETA 4S 峰会在每年的秋季举办,涵盖体育赛事和旅游的 4S:即战略、服务、销售和赞助,将通过一般会议、小组讨论和场外短途旅行的形式进行,参与者可从同行、体育赛事和旅游业的专家处获得有利的资源和最佳方案,并鼓励所有会员参加。Sports ETA 首席执行官峰会只针对人数有限的高层人士开放,与会者将通过问答环节和小组讨论环节,对体育及游憩事业发展现状及未来将面对的挑战进行更深入的探讨。Sports ETA 女性峰会是由体育赛事和旅游业的顶级女性领袖共同举办,旨在激励参会者实现职业目标。

4. 相关研究资源

Sports ETA 会员拥有使用和查看 Sports ETA 最新研究成果的资格,其研究成果包括:① 经济影响计算器,可使用此工具估算事件将产生的潜在结果;② 事件 RFP 数据库,审查 Sports ETA 中权利持有人发布的可用于竞标的活动事件;③ 行业报告和白皮书,即行业最新趋势、经济影响、游客消费情况和活动选址。

对所有 Sports ETA 注册会员的所在地和会员属性进行统计分析。根据会员名单在互联网平台上搜索到的官方网站或公司注册信息,对它们的公司或总部在美国的所在地进行分布统计;根据网站提供的官方介绍,对会员的属性进行分类和相关性分析,以期获得美国体育旅游区域组织间不同机构的组成特点、分布特点和体育旅游区域发展的运营机制。

截止到 2018 年 8 月 17 日,Sports ETA 正式注册成员为 791 位,其中美国本土注册会员为 779 位，占总数的 98.5%，另有 9 位加拿大籍会员，占总数的 1.1%，2 位英国籍会员和 1 位法国籍会员，分别占总数的 0.3%和 0.1%。

第二节　美国体育旅游组织的会员类型及分布特点

一、美国体育旅游组织的会员类型

对 791 位 Sports ETA 注册会员进行分类统计，根据会员的不同属性和服务对象，共分为五大类别。

（一）Ⅰ类会员：营利性公司

Ⅰ类会员是指带有体育性质的相关企业、旅游服务业供应商等，包括连锁酒店、赛事服务公司、活动策划公司、体育器材供应商、体育传媒公司、培训机构等以营利为第一目的的机构。

1. 希尔顿酒店（Hilton Worldwide）

1925 年，希尔顿酒店成立于美国得克萨斯州，是一家跨国酒店管理公司，至今为止旗下已包括希尔顿酒店、华尔道夫酒店、康莱德酒店、希尔顿逸林和希尔顿花园酒店等 16 大品牌，遍及 113 个国家或地区，拥有超过 5 600 家酒店，是目前全球规模最大、发展最快的酒店公司之一。希尔顿酒店十分注重创造宾至如归的文化氛围，倡导员工微笑服务，“HILTON”品牌名称更是代表着热情好客（hospitality）、正直诚信（integrity）、领导团队（leadership）、团队合作（teamwork）、主人翁精神（ownership）和即时行动（now）等价值理念。近 100 年来，希尔顿酒店拥有良好的社会形象，赞助全球志愿服务，为当地创造更多的就业机会，促进经济投资，并成立希尔顿应急基金，以支持灾后的短期救济和长期重建工作。同时，希尔顿自 2005 年起成为奥林匹克美国代表团之赞助商，持续至今。

2. PrimeTime 体育（PrimeTime Sports）

PrimeTime 体育于 2000 年在美国得克萨斯州成立，是以篮球运动为主的顶级青少年体育赛事管理公司。现拥有篮球、7 对 7 美式橄榄球和足球三项运动项目，每年在全美举办 130 场赛事，6 550 支队参赛，参加人数达到 16 万人次。每年在得克萨斯州达拉斯举行的为期四天的全国青少年篮球锦标赛，共有 830 支球队参赛，25 000 人参加，为当地经济贡献了约 600 万美元。

3. PlayOn 体育（PlayOn Sports）

PlayOn 体育是全美领先的高中体育媒体公司，为学生和教师提供服务、产品和活动方案等。该公司主要由五个运营部门组成：全美高中体育联盟网络、PlayOn体育营销、PlayOn体育技术、PlayOn体育制作和学校广播计划，包括建立针对高中体育赛事的主流媒体网络；开发和执行专注于实现客户目标的可定制程序，提供品牌与高中垂直整合的整体；全方位运营的技术平台，实现高质量、低成本的现场体育赛事；每年为各种客户制作5 000多个电视和数字发行的现场体育赛事；为高中提供制作、传播用于营利活动的全套解决方案。

4. 美国绿地公司(GreenFields USA)

绿地公司是人工草皮系统的主要供应商。该公司在世界各地有3 000多个场地设施，在开发、制造、建造、安装和维护体育用合成草皮系统方面有着长期的经验，已建成的项目有位于堪萨斯城的品尼高国家运动发展中心、夏洛特赛道、本特利大学、美国长曲棍球总部等。作为人造草坪行业的首批生产商之一，GreenFields已被授予国际足球联合会、国际曲棍球联合会和国际橄榄球理事会优先制作人资格，以表彰他们为比赛和运动员提供全球最佳运动条件的贡献。

5. 雪松博览会娱乐公司(Cedar Fair Entertainment Company)

它创办于1983年，1987年在纽约上市，是一家活跃于游乐园领域的美国公司。该公司拥有并经营11个游乐园(其中10个在美国、1个在加拿大)、2个室外水上乐园、1个室内水上乐园，他们分布在美国的48个州和加拿大安大略省附近的度假村、酒店和娱乐场所。该公司以创造超越生命的乐趣，创造持久的家庭和社会关系为目标，以为所有人带来欢乐为使命，每年迎来约2 600万客人，创造收入超过13亿美元，是世界上最大的区域性旅游胜地运营商之一。

(二) Ⅱ类会员：会展局、公园游憩部门

非营利组织是指在政府部门和以营利为目的的企业之外的一切志愿团体、社会组织或民间协会，是介于政府与营利性企业之间的"第三部门"。非营利组织的主要特性就是不以营利为目的，同时具有民间性、自治性、志愿性、非政治性、非宗教性等重要特征。它的目标通常是支持或处理个人关心或者公众关注的议题或事件，其所涉及的领域非常广泛，包括艺术、慈善、教育、学术、环保等。非营利组织还必须产生一定的收益以提供其活动的资金，但是其收入和支出都受限，因此非营利组织往往通过公、私部门捐赠来获得经费，在美国法律上对非营利组织的界定是通过组织是否具有免税资格来认定的，即满足免税条件的组织在法律上被认可是非营利组织。

会展局是一个目的地营销组织(Destination Marketing Organization, DMO)，其使命是通过增加该地区的游客和消费来促进当地经济发展，大部

分都是在董事会主持下独立工作的非营利组织。他们为旅客提供当地社区的资源“一站式”服务,包括酒店、餐饮、活动日历、游客指南、景点、出行路线和购物信息等,以及推广体育赛事、节日活动、征集会展、展览等,以塑造地区形象,改善经济结构和提升经济活力。

公园游憩部门(Parks & Recreation)的使命是提高当地居民和游客的生活质量,提供文化体验、节日庆典等许多其他活动,公园游客能享受原创音乐节目、户外活动、互动活动和许多其他活动,能从公园的多用途草坪、舞台和空间中受益。

1. 乔治城县公园与游憩部(Georgetown County Parks & Recreation)

它位于南卡罗来纳州中南部靠近海岸线的地方,该部门的使命是提高乔治城县居民和游客的生活质量,通过提供广泛、多样化和具有挑战性的文化和娱乐项目促进形成强烈的社区意识,并提供干净、美丽和安全的公园。该部门共管理和维护了 300 多个公园和相关设施,以及 800 英亩公园用地,其中包括 77 个运动场、26 个游乐场、31 个网球场、30 个野餐棚、31 个篮球场、12 个社区中心和 6 个游憩中心。该部门由三个部分组成,分别为游憩(创建、发展和维护青年和成人体育联盟,经营区域娱乐中心,并提供各种类别的课程目录);公园维护(维护和管理所有领域、海滩通道、船只着陆等);老龄服务局(为乔治城县的老年人提供各种服务,包括送餐、聚会用餐,以及协助运送医疗预约)。

2. 格兰特公园(Grant Park)

它位于洛杉矶市中心的音乐中心和市政厅之间,是一个充满活力和包容性的环境,适用于社区活动、文化体验、节日庆典等许多其他活动,吸引着洛杉矶县所有社区的游客。格兰特公园拥有四个不同的区域,包括经过修复的历史悠久的 Arthur J. Will 纪念喷泉、一个游泳池、一个小型私密草坪、一个代表着洛杉矶多元文化构成的植物露台和活动草坪。

3. 亚历山大/派恩维尔地区会展局(Alexandria/Pineville Area Convention & Visitors Bureau)

它位于美国南部的路易斯安那州,该组织的使命是通过宣传当地即将开展的活动、特色景点、特色美食和住宿酒店等,来增加游客的消费支出,以此来加强经济建设。可为各种规模的旅游团体提供个性化的行程安排,如军事之旅、种植园之旅、教堂和公墓之旅、古董之旅、户外探险之旅等。同时,该组织也致力于协助会议主办方、体育赛事持有人和各种团体组织方在活动中取得圆满成功,提供个性化服务、投标报告、本地供应商名录、红地毯欢迎等服务。

4. 亚特兰大会展局(Atlanta Convention and Visitors Bureau)

它成立于 1913 年,是亚特兰大地区的官方目的地营销组织。作为一个非营利组织，亚特兰大会展局为该地区的酒店业提供了支持，2017 年吸引了近 5 300 万游客，通过与酒店、餐厅、场馆、供应商的合作，有力地影响了亚特兰大的经济。该组织 22 次获得 *Meetings & Conventions* 杂志颁发的服务金奖，凭借其完美的综合服务、尖端技术，为游客们提供了难忘的出行体验。

5. 辛辛那提会展局（Cincinnati USA Convention and Visitors Bureau）

它成立于 1945 年，旨在推广辛辛那提地区作为人们休闲娱乐的目的地，由四个主要部门组成：销售、营销、服务和会员，拥有超过 3 200 间酒店客房和 4 000 多家餐厅。目前，该组织已得到近 500 家企业的支持，通过向游客、组织策划者们提供设施和服务，使辛辛那提成为一个更加吸引人的地方。该地区不仅被认为是所有年龄段出行的首选目的地，还是一个致力于创新、生活质量和区域发展的地区。

（三）Ⅲ类会员：体育委员会、单项运动协会

与中国体育机构模式不同，美国各地区的体育委员会和运动协会是非政府主导组织。主要分为体育委员会（sports commission 或者 sports authority）和单项运动协会（sports association）；前者是由地方税金支持，后者和政府有合作关系，但是资金来源于多方面的赞助。

体育委员会是为支持其地区业余体育赛事的发展和举办而成立的组织，其使命在于创造、吸引和发展体育赛事，创建并支持体育旅游有关的体育赛事和商业活动，并为举办专业赛事提供场地、设施、赛事策划、教练和运动员服务等支持，以提高该地区的生活质量，促进当地体育和旅游业发展，创造经济和社会效益，提高该地区经济影响力。

单项运动协会多数为各项目的国家级管理机构和美国奥林匹克委员会成员，如美国花样滑冰协会、美国羽毛球协会等，其使命是推广和管理该项体育赛事，促进该项运动发展，并为有共同兴趣的人提供交流机会和活动场所，为赛事提供领导和支持。同时，各单项运动协会内均有一定数量的志愿者成员，他们服务于董事会和各委员会，负责俱乐部的日程活动、竞赛管理和主持等，诠释了非营利组织的内涵。

1. 盖恩斯维尔体育委员会（Gainesville Sports Commission）

它成立于 1988 年美国佛罗里达州，是一个非营利性组织，旨在通过体育促进旅游业，同时对盖斯维尔和阿拉查县创造积极的经济影响。自成立以来，盖恩斯维尔体育委员会直接贡献了超过 2 亿美元的经济增长，并为当地社区带来多种体育活动，每年协助创建、举办和支持超过 45 项赛事，每年通过举办体育赛事为该社区创造了约 2 000 万美元的直接经济效益。

2. 大克利夫兰体育委员会(Greater Cleveland Sports Commission)

自2000年以来,已为该地区吸引了190多项体育赛事,为俄亥俄州东北部提供了近6.86亿美元的经济活动。大克利夫兰体育委员会通过吸引、创造、管理和加强重要的体育和竞赛活动,有效地改善了大克利夫兰的经济情况并丰富了社区生活。该组织利用"体育"作为推进社区建设的工具,支持当地经济发展,并以举办更多成功的活动为目标,保持克利夫兰在举办体育活动方面的出色地位。

3. 大韦科体育委员会(Greater Waco Sports Commission)

它是一个独立的非营利组织,旨在识别和吸引新的体育赛事,同时加强和保留现有活动,以产生积极的经济影响,提高麦克伦南县的生活质量。该地区位于得克萨斯州中心,拥有舒适的天气条件和美妙多样的休闲和运动机会,从少年棒球联盟比赛到热门的徒步旅行和自行车骑行,每周这里都会举办许多体育和娱乐活动。

4. 美国网球协会(United States Tennis Association)

它是美国网球运动的国家管理机构,它将100%的收益用于促进和发展从基础到专业级别的各层次网球运动。它成立于1881年,旨在管理网球运动,规范网球比赛。目前,美国网球协会拥有17个地区,超过700 000名个人会员和7 000名组织成员,以及专业人士,运营美国国家网球中心并每年举办美国网球公开赛,是美国各个层面促进和发展这项运动的公认领导机构。

5. 美国橄榄球协会(USA Football)

它是美国橄榄球运动的国家管理机构和美国奥林匹克委员会成员,成立于1913年,热衷于支持比赛、运动员,其使命只有一个,就是推进、统一和发展美式橄榄球运动。美国橄榄球协会通过创新标准和实践来发展橄榄球运动,与医学界、儿童权益代表和体育领域的领导者合作,为青少年、高中生和其他业余球员提供积极良好的体验,并为运动员及其父母、教练员、领导人员和管理人员提供支持,让青少年焕发勃勃生机。

(四)Ⅳ类会员:大学体育

西方自古希腊时代起,就把体育作为精英教育的核心,其贵族尚武精神从未中断。体育一直是美国教育的重要组成部分,在高等教育阶段尤为显著。实际上,常青藤联盟在最初是美国东北部八所私立大学的体育赛事联盟,这个联盟成立的初衷就是鼓励体育竞赛。在美国的大学里,篮球、橄榄球项目受到学生热烈追捧,是大学体育生活中不可缺少的一部分,其商业价值足以与NBA和以"超级碗"为顶峰的职业橄榄球联赛比肩。这些比赛中涌现出来的精英,最终将会成为NBA和职业橄榄球联盟的职业运动员。因此，本书将以与大学体育赛事联盟（包括棒球、足球、篮球、冰球、橄榄球等）和大学生运动协会等有关的 Sports ETA 会员列为Ⅳ类会员。

1. 堪萨斯大学体育大会（Kansas Collegiate Athletic Conference）

它通常被称为“堪萨斯会议”，是一个著名的校际体育大会，由该州 12 个优秀的独立或私立高等教育机构组成。该组织的起源可追溯到 1890 年，其前身为堪萨斯大学校际体育协会（Kansas Intercollegiate Athletic Association），是堪萨斯大学首次成功实现“促进和规范业余大学校际体育运动”的结果。堪萨斯大学体育大会是美国全国大学校际运动协会的附属会议，总部设在密苏里州堪萨斯城。目前，该组织赞助了足球、排球、越野、篮球、室内田径、室外田径等校际体育大会，与美国全国大学校际体育协会合作管理校际运动，是一个受到广泛尊重的大学体育组织。

2. 美国大学曲棍球协会（American Collegiate Hockey Association）

该协会成立于 1991 年，最初是一个男子大学曲棍球组织，现发展为拥有五个赛区（男子 1、2、3 赛区；女子 1、2 赛区）和来自美国 49 个州的 500 多支队伍。该协会的目标是建立一个公正的曲棍球运动管理机构，用以监督美国大学间曲棍球运动的质量、运动的规范性和规则的统一性，主要任务是支持全国大学曲棍球项目的发展，使大学曲棍球运动在运动员的个人发展方面具有积极的促进作用。

3. 美国大学体育协会（United States Collegiate Athletic Association）

该协会成立于 1966 年，是一个全国性非营利组织，其前身是美国小型学院体育协会，主要为小型学院和大专院校举办全美篮球锦标赛。在二十世纪七八十年代，它开始增加更多的体育项目；1989 年，其改名为全国小型大学体育协会；2001 年，采用了现在的名称，并沿用至今。目前，美国大学体育协会负责全美 81 所学校的校际体育项目，主要包括小型学院、社区学院和初级学院，每年举办 7 个项目的 12 场全美锦标赛，包括篮球、足球、摔跤、越野等。

4. 美国全国大学校际体育协会（National Association of Intercollegiate Athletics）

该协会成立于 1937 年，是一个小型田径项目的管理机构，致力于校际体育运动，专注于与大学的整体教育保持平衡。每年有超过 65 000 名学生运动员有机会参加大学体育活动，这些学生共获得超过 6 亿美元的奖学金，并有机会参加 26 个全美锦标赛。美国全国大学校际体育协会是历史上第一个邀请黑人机构成为会员的大学体育协会，也是第一个赞助男女全国锦标赛的大学体育协会。该组织赞助了 14 项体育赛事，每年举办 25 项冠军赛（男子 13 项，女子 12 项）。

5. 美国全国大学生乒乓球协会（National Collegiate Table Tennis Association）

该协会成立于 1992 年，是获政府认可的非营利组织，致力于在北美(如美国、加拿大)的大学中推广乒乓球。美国全国大学生乒乓球协会是美国乒乓球协会的组织成员,它保持校际乒乓球的资格和完整性,同时在北美的大学中提供校队乒乓球的规则培训,还为拥有乒乓球项目的学院或大学提供帮助,确保学生都有机会参加学校的乒乓球运动,并在运动中有所收获和成就。该组织正在努力增加会员学校数量,提高校际乒乓球组织的专业性和竞争水平,希望乒乓球能够成为美国大学生喜爱的运动项目。

(五) V类会员:其他

该部分会员是除地方性会展局和官方体育机构之外,各种以体育为载体,组织并运营的非企业性质的赛事联盟,以及与体育或体育旅游有关的非营利组织,包括致力于发扬人道主义精神、开展多种社会救助工作的慈善机构,面向公众进行募捐的体育基金会,用于开拓商业市场、搭建商务沟通平台的地区商会,为当地居民和游客提供社会化服务的社区机构,供人们进行物质交换和文化、学术交流的会议中心,以及专注于学术探讨的体育论坛等非营利组织。

1. 美国业余体育联盟(Amateur Athletic Union of the United States)

它成立于1888年,旨在建立统一的业余运动标准。在早期,美国业余体育联盟是代表美国参加国际体育联合会的国际运动领导者,与奥林匹克运动密切合作,为美国运动员备战奥运会提供帮助。在1978年的业余体育法案颁布之后,该组织将主要精力放在了为各年龄层的参与者提供体育运动项目上,从基层开始,大力宣传"Sports for All, Forever"的理念,目前已拥有了67万多名参与者和10万多名志愿者。

2. 坎贝尔县商会(Campbell County Chamber of Commerce)

它成立于1985年,目前共拥有9个商会合伙人和265个商会会员企业。坎贝尔县位于田纳西州的杰克斯伯勒,被称为"通往田纳西州的大门",以诺里斯湖海岸线、各种沙滩车道以及其他具有本地特色的购物小镇和餐饮而闻名。坎贝尔县商会致力于成为坎贝尔县经济发展的领导者,促进和改善社区生活,支持和推广当地会员企业,吸引更多的商业投资,以确保当地社区经济的持续健康发展。

3. 大新奥尔良体育基金会(Greater New Orleans Sports Foundation)

该基金会成立于1988年8月,是一个非营利性组织,其使命是吸引和管理对路易斯安那州和大新奥尔良地区有积极经济影响的体育旅游及相关产业。大新奥尔良体育基金会汇集体育爱好者,促进成员之间进行信息和想法交流并提供相应的支持,以吸引和协助该领域体育赛事的组织和协调。该基金会由董事会管理,董事会成员由社区领导、行业专家、专业人士和其他支持者组成，拥有全面监督基金会的业务和活动的权力，同时他们也服务于特定的活动和志愿服务，为基金会的成功做出重要贡献。

4. 密歇根州老年奥运会(Michigan Senior Olympics)

它成立于1979年，是一家非营利性组织，在过去的四十年里它一直是健康和健身领域的领军人物，通过赞助商、当地企业的捐赠和会员费来运营发展。密歇根州老年奥运会是全国老年运动协会(National Senior Games Association)* 的成员。该组织旨在通过提供和发展健康、营养、运动技能以及丰富精神世界，来提高50岁以上人群的生活质量，为所有人提供更健康、更有活力的生活，同时降低密歇根州的医疗保健成本。

5. 夏威夷足球联合会(Hawaii Soccer Federation)

该联合会的前身为毛利青年足球组织，1975年在毛伊岛举行了第一次联赛，当时Peter D. Baldwin利用其家族企业(Haleakala Dairy)赞助联赛，为毛伊岛青年购买约600件制服。2010年，夏威夷足球联合会获得了新的领导力，成为一个非营利性组织，旨在通过改善球员运动环境，来促进整个夏威夷俱乐部足球项目的成长和发展，并提高夏威夷足球的整体质量。2017年，该组织成为夏威夷五人制足球的合法拥有者和经营者，现在为岛上的3 000多名俱乐部足球运动员、教练和管理员提供服务。

在所有Sports ETA会员中，Ⅱ类会员(会展局、公园游憩部门)的数量占到了总数的近一半；Ⅰ类会员(公司)与Ⅲ类会员(体育委员会、协会)的数量占比相近，约为Ⅱ类会员数量的一半；Ⅳ类会员(大学体育)与Ⅴ类会员(其他机构)的数量较少，占比排名靠后。各类Sports ETA会员数量见表3.1。整体呈现出一种以会展局、公园游憩部门为主导，公司与体育委员会、协会为辅佐的局面。

表3.1　各类Sports ETA会员数量统计表

分　类	内　　容	总计(位)	占　比
Ⅰ	公　司	164	20.7%
Ⅱ	会展局，公园游憩部门	371	46.9%
Ⅲ	体育委员会、协会	170	21.5%
Ⅳ	大学体育	15	1.9%
Ⅴ	其他(赛事、联盟、基金会等非营利机构)	71	9.0%

* 全国老年运动协会(National Senior Games Association)成立于1985年，专门针对50岁以上的成年人(间隔五年为一组)每两年举办一次全国性活动，是世界上为老年人举办的最大型的多项体育赛事。

二、美国体育旅游组织的会员分布特点

美国共有50个州和1个直辖特区，根据美国人口普查局(United States Census Bureau)的地区分类标准，将美国整体分为了四个部分，分别是东北部、南部、西部和中西部(图3.2)。

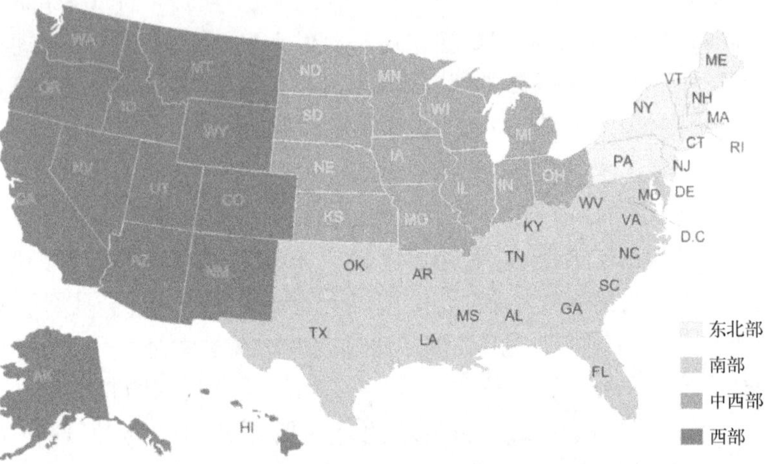

图3.2　美国四大地区分布图

(一) 美国各州 Sports ETA 会员的分布特点

1. 得克萨斯州拥有 Sports ETA 会员数量最多

在美国各州分布中，得克萨斯州拥有的会员数量最多，共有59位，占总数的7.5%；其次是佛罗里达州，会员数量为50位，占总数的6.3%；数量排名第三位的是加利福尼亚州，共拥有46位会员，占总数的5.8%(表3.2)。结合图3.3可知，得克萨斯州和佛罗里达州均属于美国南部地区，加利福尼亚州属于美国西部地区，表明美国南部地区 Sports ETA 会员密集程度居于首位。

表3.2　美国各州五类 Sports ETA 会员分布统计表

州　名	简称	Sports ETA 会员分布(位)					总计(位)
		Ⅰ类	Ⅱ类	Ⅲ类	Ⅳ类	Ⅴ类	
得克萨斯	TX	15	28	12	1	3	59
佛罗里达	FL	9	10	20	2	9	50
加利福尼亚	CA	9	23	9	2	3	46
伊利诺伊	IL	9	18	3		3	33

续表

州　名	简称	Sports ETA 会员分布(位)					总计(位)
		Ⅰ类	Ⅱ类	Ⅲ类	Ⅳ类	Ⅴ类	
俄亥俄	OH	12	14	4	1	2	33
北卡罗来纳	NC	3	21	6		2	32
佐治亚	GA	5	10	9		6	30
弗吉尼亚	VA	6	16	5	2	1	30
威斯康星	WI	5	15	5		3	28
科罗拉多	CO	8	2	17			27
宾夕法尼亚	PA	2	13	5	1	2	23
印第安纳	IN	5	10	6		1	22
明尼苏达	MN	3	12	4		3	22
密歇根	MI	4	10	6		2	22
亚拉巴马	AL	4	12	4		1	21
马里兰	MD	3	14	1		3	21
密苏里	MO	3	11	5	2		21
田纳西	TN	4	12	2		2	20
南卡罗来纳	SC	1	12	2		2	17
纽约	NY	7	6	3			16
堪萨斯	KS	2	10	2	1		15
华盛顿	WA	3	5	6	1		15
肯塔基	KY	2	5	6		1	14
亚利桑那	AZ	5	5	2		1	13
路易斯安那	LA	1	10	1		1	13
俄克拉荷马	OK		9	3			12
内布拉斯加	NE	1	6	3			10
新泽西	NJ	5	1	1	1	2	10
俄勒冈	OR		5	2	1	2	10
马萨诸塞	MA	3	5			1	9
内华达	NV	4	3			2	9
犹他	UT	2	4	2		1	9

续表

州 名	简称	Sports ETA 会员分布(位)					总计(位)
		Ⅰ类	Ⅱ类	Ⅲ类	Ⅳ类	Ⅴ类	
阿肯色	AR		7			1	8
爱荷华	IA	1	3	3		1	8
哥伦比亚特区	D.C.	2		1		4	7
密西西比	MS		6				6
南达科他	SD	1	3	1			5
特拉华	DE	1	1	2			4
北达科他	ND		3	1			4
新罕布什尔	NH	3				1	4
夏威夷	HI	1				2	3
新墨西哥	NM	1	1	1			3
佛蒙特	VT	1	1	1			3
康涅狄格	CT	1		1			2
蒙大拿	MT	1	1				2
西弗吉尼亚	WV		2				2
怀俄明	WY		1			1	2
阿拉斯加	AK			1			1
爱达荷	ID		1				1
缅因	ME			1			1
罗得岛	RI			1			1

2. 大部分地区拥有Ⅱ类会员的数量最多

Sports ETA 会员数量分布并不平衡，大部分地区的会员数量均以Ⅰ、Ⅱ、Ⅲ类会员为主，其中Ⅱ类数量最多，只有个别地区，如佛罗里达州、科罗拉多州等拥有的Ⅲ类会员数量超过Ⅱ类会员数量，表明这些地区拥有更多的国家管理机构。

3. Ⅰ类、Ⅱ类、Ⅲ类会员所涉及的美国州数接近

Ⅰ类、Ⅱ类、Ⅲ类会员分别涉及美国40个、44个和41个州(直辖特区)，表明这三类会员所涉及的地区较为一致，整体分布较均衡，而其中Ⅰ类会员

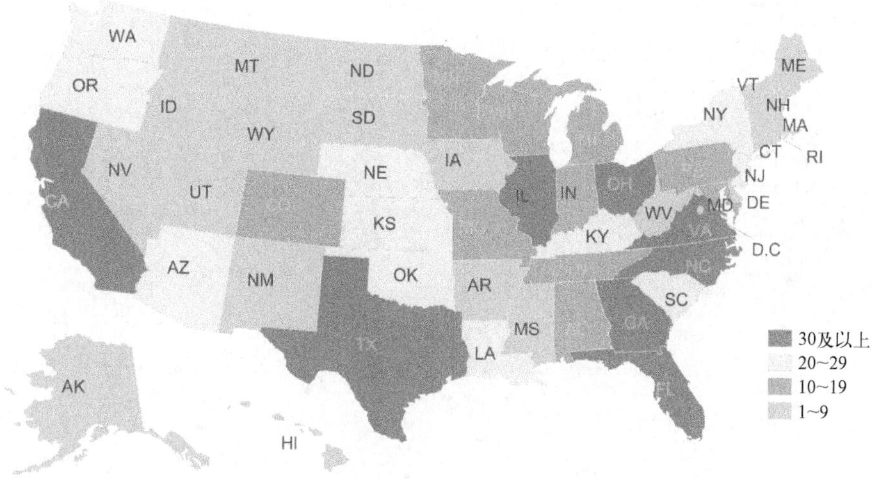

图 3.3　美国各州 Sports ETA 会员数量分布图

所涉及的州数最少，表明与非营利组织和国家管理机构相比，营利性企业在区域性体育旅游中并不占据优势地位；其次涉及州数最多的为Ⅴ类会员，共分布于美国 31 个州，稍逊于前三类会员的分布面积，表明与体育有关的非营利组织分布面积有限，未达到全国覆盖的程度；而只有 11 个州拥有Ⅳ类会员，表明该类会员所涉及区域最为狭窄，也说明拥有显著影响力的大学体育机构的分布较为集中。

4. 非美国本地的会员主要来自加拿大、英国和法国

在所有 Sports ETA 会员中，来自加拿大地区的会员较多，共有 9 位，涉及范围包括Ⅰ类会员 3 位、Ⅱ类会员 4 位和Ⅴ类会员 2 位；英国和法国分别拥有 2 位和 1 位会员，均属于Ⅰ类会员。表明美国 Sports ETA 会员分布不仅限于本国，更有国际会员的加入，其组织更具有国际性影响力，同时获得了更多营利性公司的青睐。加拿大多位非营利组织会员的加入也表明美国和加拿大之间存在频繁来往的旅游人口促进了区域间旅游行业的繁荣。

（二）五类会员的分布特点

1. Ⅰ类会员分布特点

（1）得克萨斯州拥有Ⅰ类会员数量最多。如图 3.4 所示，在Ⅰ类会员中，得克萨斯州所拥有的 Sports ETA 会员数量最多，有 15 位，占总数的 9.5%；其次是俄亥俄州，有 12 位，占总数的 7.6%；佛罗里达州、伊利诺伊州和加利福尼亚州拥有会员数量相同，都分别有 9 位，占总数的 5.7%，并列第三位。由此可见，Ⅰ类会员在得克萨斯州和俄亥俄州的聚集程度最高，其拥有的会员数量超过两位数，明显区别于其他地区。

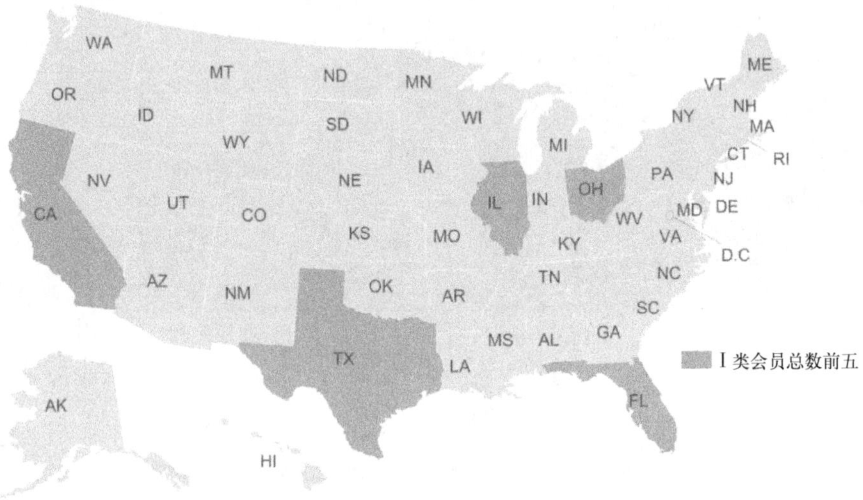

图 3.4　数量最多的五位Ⅰ类 Sports ETA 会员分布图

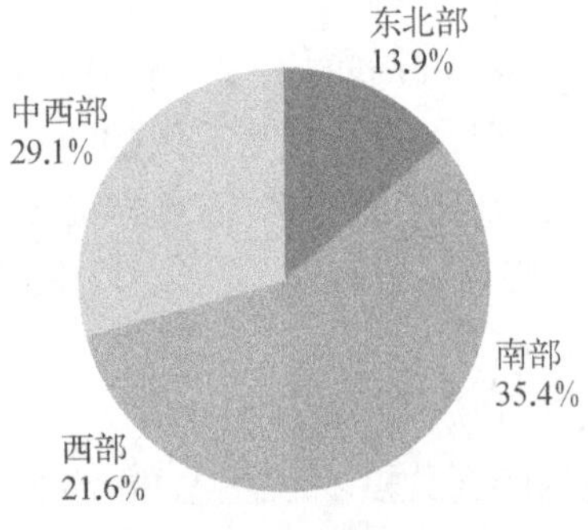

图 3.5　Ⅰ类会员在美国四大地区的分布图

（2）Ⅰ类会员多聚集于美国南部地区，中西部次之。如图 3.5 所示，在美国四大地区中，位于美国南部的Ⅰ类会员数量最多，其占比高达总数的 35.4%，占总数的三分之一以上；其次是中西部地区和西部地区，分别占总数的 29.1%和 21.6%；排名末尾的是美国东北部地区，仅占Ⅰ类会员总数的 13.9%，与南部地区的数量差异较大，整体分布呈现以南部地区为主、西部和中西部地区为辅的局面。

（3）美国各州拥有Ⅰ类会员的数量差距较大。从表 3.2 中可以看出，Ⅰ类会员的分布涉及美国 40 个州，占美国总州数的 78.4%，其中各州的会员数量从 1 位到 15 位分布不等，57.5%的州拥有 Sports ETA 会员的数量在 3 位以下（包括 3 位），表明 40 个州中有一半以上的地区的 Sports ETA 会员数量稀少，总体两极差距较大，数量分布不均衡。

2. Ⅱ类会员分布特点

（1）得克萨斯州拥有Ⅱ类会员数量最多。如图 3.6 所示，在Ⅱ类会员中，拥有 Sports ETA 会员数量排名前五位的地区分别是得克萨斯州、加利福尼亚州、北卡罗来纳州、伊利诺伊州和弗吉尼亚州，数量分别为 28 位、23 位、21 位、18 位和 16 位，依次占总数的 7.6%、6.3%、5.7%、4.9%和 4.4%。表明Ⅱ类会员在得克萨斯州的聚集程度最高，同时数量排名前五位的州均位于沿海或沿湖地区，风景优美，旅游资源种类丰富。

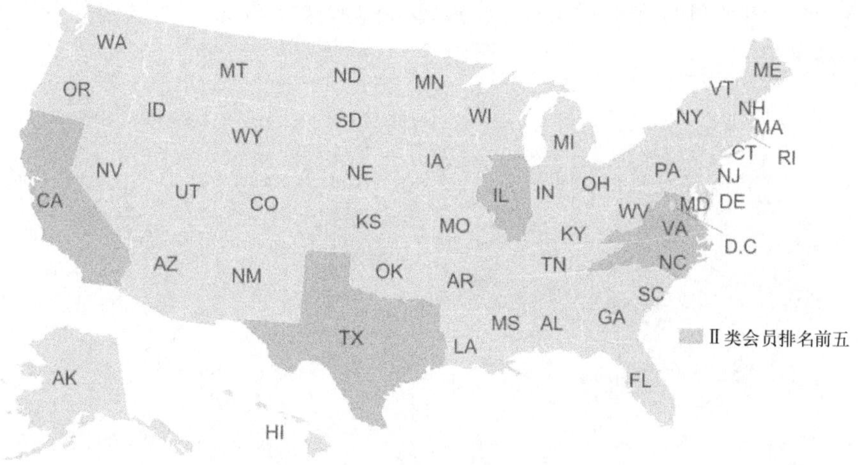

图 3.6 排名前五的Ⅱ类 Sports ETA 会员分布图

（2）Ⅱ类会员多聚集于美国南部地区，中西部次之。如图 3.7 所示，在美国四大地区中，Ⅱ类会员在美国南部地区的分布最多，占比高达总数的 47.7%，接近总数的一半；其次数量较多的地区为美国中西部，占总数的 31.3%，排名靠后的地区为美国西部和东北部，分别占总数的 13.9% 和 7.1%，与拥有会员数量最多的南部地区相差较大，整体地区数量分布不均，呈现以美国南部地区为主、中西部地区为辅的形式。

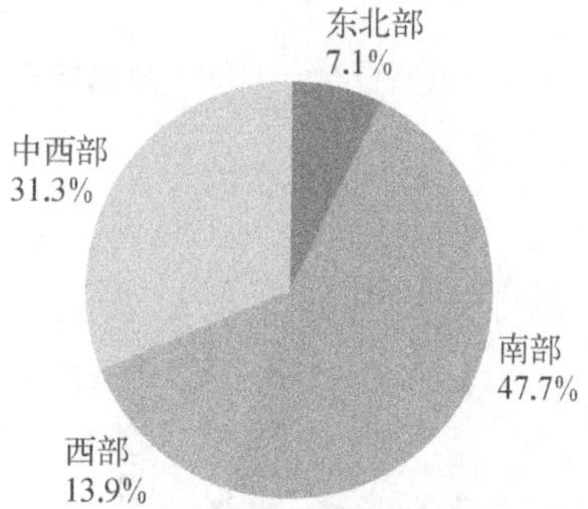

图 3.7 Ⅱ类会员在美国四大地区的分布图

（3）在五类 Sports ETA 会员中，Ⅱ类会员的分布最广泛。从表 3.2 中可以看出，整体来看，Ⅱ类会员在所有 Sports ETA 会员中的数量最多，所涉及的美国州数也最多，共涉及美国 44 个州，其中仅有 29.5% 的地区拥有 3 位以下（包括 3 位）Ⅱ类会员，表明Ⅱ类会员在这 44 个州的整体分布较为平衡，涉及面积最为广阔，也间接体现出非营利组织的公益性与普及性。

3. Ⅲ类（体育委员会、单项运动协会）会员分布特点

（1）佛罗里达州拥有Ⅲ类会员数量最多。如图 3.8 所示，在Ⅲ类会员中，总数排名前五位的地区分别是佛罗里达州、科罗拉多州、得克萨斯州、加利福尼亚州和佐治亚州，数量分别为 20 位、17 位、12 位和并列 9 位，分别占总数的 11.8%、10%、7.1% 和 5.3%，其中佛罗里达州拥有的Ⅲ类会员量为佐治亚州数量的 2 倍以上，表明Ⅲ类会员在佛罗里达州的聚集程度最

高，且整体数量分布悬殊较多，数量较多的地区多分布于美国南部和西部沿海地区。

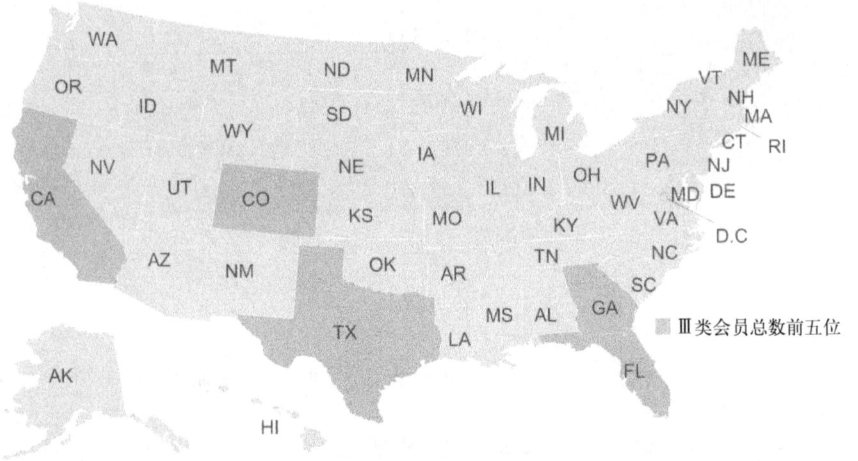

图 3.8　排名前五位的Ⅲ类 Sports ETA 会员分布图

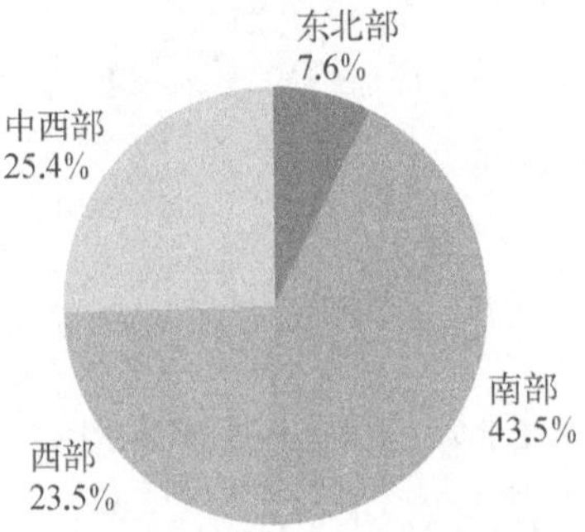

图 3.9　Ⅲ类会员在美国四大地区的分布图

（2）Ⅲ类会员多聚集于美国南部地区，中西部、西部次之。如图 3.9 所示，在美国四大地区中，Ⅲ类会员在美国南部地区的分布最多，占总数的 43.5%；其次数量分布较多的地区是中西部和西部地区，分别占总数的 25.4%和 23.5%，比率差距较小，共占总数的一半左右；最后是美国东北部地区，拥有的会员数量仅占总数的 7.6%，与其他三个地区的差距较大，整体呈现以南部地区为主，中西部与西部地区为辅的局面。

（3）Ⅲ类会员数量分布的两极化现象严重。从表 3.2 中可以看出，整体来看，Ⅲ类会员的分布区域共涉及美国 41 个州，其涉及州数仅次于Ⅱ类会员。其中 58.5%的地区仅拥有 3 位以下（包括 3 位）的Ⅲ类会员，表明Ⅲ类会员在这 41 个州的分布虽涉及面积广泛，但数量分布的两极分化严重，美国与体育运动有关的国家或地区管理机构设置集中，优秀资源集中化程度较高。

4. Ⅳ类会员分布特点

（1）Ⅳ类会员在四大地区分布最为均衡。如图 3.10 所示，在美国四大地区中，Ⅳ类会员在美国南部地区的分布数量最多，占总数的 33.3%，约为总量的三分之一；其次是美国中西部与西部地区，两者拥有的Ⅳ类会员数量相同，均占总数的26.7%；最后，美国东北部地区拥有的Ⅳ类会员数量最少，仅占总数的13.3%。整体分布较为均衡，四大地区的占比差距较小，并未出现某一地区独大的现象。

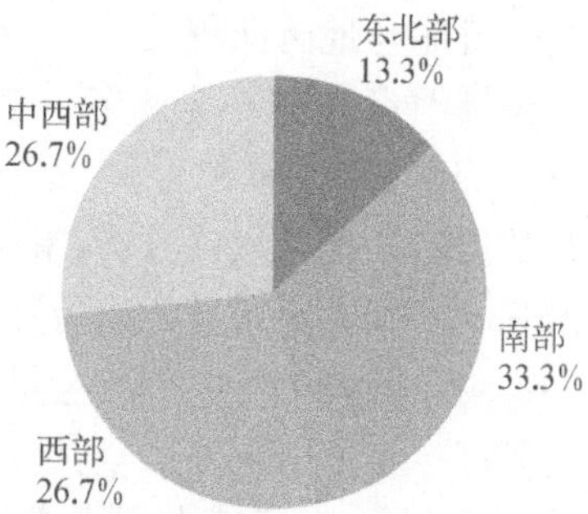

图3.10　Ⅳ类会员在美国四大地区的分布图

（2）Ⅳ类会员数量最少，涉及州数也最少。Ⅳ类会员的分布仅涉及美国11个州，且这11个州拥有Ⅳ类会员的数量均为1~2个会员，整体数量较少，且涉及州数有限，涉及面积较为狭窄。表明与体育旅游有关的大学体育组织数量较少，聚集化程度低，与其他类别的非营利组织相比，其普及程度较低，受众人群有限。

5. Ⅴ类会员分布特点

（1）一半以上的Ⅴ类会员聚集于美国南部，在四大地区分布中差异较大。如图3.11所示，在美国四大地区中，Ⅴ类会员多分布于美国南部，其数量占比高达52.2%，超过了总数一半以上；其次数量最多的地区为美国中西部，共占有总数的21.7%，不到美国南部数量的一半；数量排名第三位的是美国西部地区，拥有的Ⅴ类会员数量占总数的17.4%；最后是美国东北部，仅占总数的8.7%。由此可见，Ⅴ类会员在美国南部的聚集程度最高，是其在美国的主要分布地区，在所有地区中占主导地位，且与其他地区的分布数量差距较大，整体分布不平衡，地区比重严重失调。

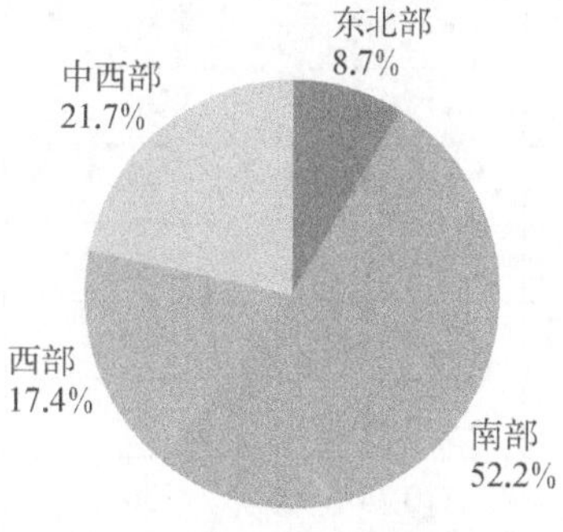

图3.11　Ⅴ类会员在美国四大地区的分布图

（2）Ⅴ类会员各州分布较均匀。从表3.2中可以看出，Ⅴ类会员的分布所涉及的美国州数为31个，其中拥有会员量最多的州为佛罗里达州，会员数量为9位，占总数的13.0%；其次是佐治亚州和华盛顿特区，分别占总数的8.7%和5.8%；而拥有会员数量在3位以下（包括3位）的地区共占90.3%，表明与Ⅱ类会员所代表的主流体育旅游非营利组织相比，Ⅴ类会员在这31个州的分布数量较少，涉及区域较为狭窄，且并无明显的聚集化现象。

（三）各州会员与人口、GDP、面积之间的相关性分析

美国Sports ETA会员代表了美国区域性体育旅游组织的数量，其数量的

变化可能与地区面积、人口、经济发展程度、当地大学数量、气候条件、旅游资源等因素存在一定关系。基于此,选取美国各州的人口数量、GDP(百万)、面积(平方千米)为主要影响因素代表(表3.3),运用SPSS 20.0软件进行数据的处理与统计分析,采用皮尔逊相关系数法,将三大影响因素与各州的Sports ETA会员数量进行数据分析*。

美国各州Sports ETA会员的分布数量与该地区的经济发展程度和人口数量基本呈正相关关系,与该地区的面积大小相关性程度较低,说明无论地域面积大小,在经济发展水平越高、人口越密集的地区,其拥有与体育有关的组织数量就会越多,相应的体育活动也会增加,从而间接提升了该地区的知名度和影响力,促进了当地体育旅游的发展和体育产业的多样化,具有明显的聚集效应。

表3.3　美国各州人口估算数、GDP、面积与Sports ETA会员数统计表

州　名	简称	人口估计数(人)	GDP(百万)	面积(平方千米)	Sports ETA会员数(位)
得克萨斯	TX	28 304 596	1 696 206	695 662	59
佛罗里达	FL	20 984 400	967 337	170 312	50
加利福尼亚	CA	39 536 653	2 746 873	423 972	46
伊利诺伊	IL	12 802 023	820 362	149 995	33
俄亥俄	OH	11 658 609	649 127	116 098	33
北卡罗来纳	NC	10 273 419	538 291	139 391	32
佐治亚	GA	10 429 379	554 269	153 910	30
弗吉尼亚	VA	8 470 020	508 662	110 787	30
威斯康星	WI	5 795 483	324 061	169 635	28
科罗拉多	CO	5 607 154	342 748	269 601	27
宾夕法尼亚	PA	12 805 537	752 071	119 280	23
印第安纳	IN	6 666 818	359 122	94 326	22
密歇根	MI	9 962 311	504 967	250 487	22
明尼苏达	MN	5 576 606	351 113	225 163	22
亚拉巴马	AL	4 874 747	210 954	135 767	21
马里兰	MD	6 052 177	393 632	32 131	21
密苏里	MO	6 113 532	304 898	180 540	21

* 人口、面积数据来源于2010年美国人口调查局;GDP数据来源于2017年美国经济分析局。

续表

州　名	简称	人口估计数(人)	GDP（百万）	面积（平方千米）	Sports ETA 会员数(位)
田纳西	TN	6 715 984	345 218	109 153	20
南卡罗来纳	SC	5 024 369	219 093	82 933	17
纽约	NY	19 849 399	1 547 116	141 297	16
堪萨斯	KS	2 913 123	157 797	213 100	15
华盛顿	WA	7 405 743	506 353	184 661	15
肯塔基	KY	4 454 189	202 507	104 656	14
亚利桑那	AZ	7 016 270	31 985	295 234	13
路易斯安那	LA	4 684 333	246 264	135 659	13
俄克拉荷马	OK	3 930 864	18 916	181 037	12
内布拉斯加	NE	1 920 076	121 774	200 330	10
新泽西	NJ	9 005 644	591 743	22 591	10
俄勒冈	OR	4 142 776	236 219	254 799	10
马萨诸塞	MA	6 859 819	527 455	27 336	9
内华达	NV	2 998 039	156 313	286 380	9
犹他	UT	3 101 833	165 526	219 882	9
阿肯色	AR	3 004 279	124 918	137 732	8
爱荷华	IA	3 145 711	190 191	145 746	8
哥伦比亚特区	D.C.	693 972	13 101	177	7
密西西比	MS	2 984 100	111 707	125 438	6
南达科他	SD	869 666	49 928	199 729	5
特拉华	DE	961 939	73 541	6 446	4
北达科他	ND	755 393	55 493	183 108	4
新罕布什尔	NH	1 342 795	80 516	24 214	4
夏威夷	HI	1 427 538	88 136	28 313	3
新墨西哥	NM	2 088 070	9 709	314 917	3
佛蒙特	VT	623 657	32 197	24 906	3
康涅狄格	CT	3 588 184	260 827	14 357	2
蒙大拿	MT	1 050 493	48 098	380 831	2
西弗吉尼亚	WV	1 815 857	76 794	62 756	2

续表

州 名	简称	人口估计数(人)	GDP（百万）	面积（平方千米）	Sports ETA 会员数(位)
怀俄明	WY	579 315	40 286	253 335	2
阿拉斯加	AK	739 795	52 789	1 723 337	1
爱达荷	ID	1 716 943	71 886	216 443	1
缅因	ME	1 335 907	61 404	91 633	1
罗得岛	RI	1 059 639	59 458	4 001	1

（四）五类会员与人口、GDP、面积之间的相关性分析

从表 3.4 可以看出，各地区Ⅰ类会员数量与该地区 GDP 之间呈显著正相关（相关系数 r=0.697，p<0.01），表明美国各州的 GDP 越高，该地区的Ⅰ类会员数量就可能越多；Ⅰ类会员与美国各州人口数量之间呈显著正相关（相关系数 r=0.755，p<0.01），表明美国各州的人口数量越多，Ⅰ类会员数量就可能越多；Ⅰ类会员与美国各州区域面积之间呈显著正相关（相关系数 r=0.488，p<0.01），表明美国各州的区域面积越大，Ⅰ类会员数量就可能越多。同时，对Ⅰ类会员数量的影响因素进行横向比较，发现在 GDP、人口和区域面积三个因素中，各州人口数量是影响该地区Ⅰ类会员数量的重要因素，其次是当地经济水平（GDP）对Ⅰ类会员数量的影响，区域面积对Ⅰ类会员的相关系数最低，影响力最小。

各地区Ⅱ类会员数量与该地区 GDP 之间呈显著正相关（相关系数 r=0.646，p<0.01），表明美国各州的 GDP 越高，该地区的Ⅱ类会员数量就可能越多；Ⅱ类会员与美国各州人口数量之间呈显著正相关（相关系数 r=0.697，p<0.01），表明美国各州的人口数量越多，Ⅱ类会员数量就可能越多；Ⅱ类会员与美国各州区域面积之间呈显著正相关（相关系数 r = 0.305，p<0.05），表明美国各州的区域面积越大，Ⅱ类会员数量就可能越多。同时，对Ⅱ类会员数量的影响因素进行横向比较，发现在 GDP、人口和区域面积三个因素中，各州人口数量对该地区拥有Ⅱ类会员数量的影响最大，其次是当地经济发展水平（GDP）的影响，排名最末位的是该地区的区域面积。

各地区Ⅲ类会员数量与该地区 GDP 之间呈显著正相关（相关系数 r=0.485，p<0.01），表明美国各州的 GDP 越高，该地区的Ⅲ类会员数量就可能越多；Ⅲ类会员与美国各州人口数量之间呈显著正相关（相关系数 r=0.576，p<0.01），表明美国各州的人口数量越多，Ⅲ类会员数量就可能越多。而在 GDP 和人口数量两个影响因素之间，对该地区拥有Ⅲ类会员数量影响更大的是当地的人口数量，其次

是经济发展水平。

各地区Ⅴ类会员数量与该地区人口数量之间呈显著正相关(相关系数 $r=0.423$, $p<0.05$),表明美国各州人口数量越多,该地区拥有的Ⅴ类会员数量就可能越多。

表 3.4 各类 Sports ETA 会员与人口、GDP、面积相关性分析表

		GDP	人 口	面 积
Ⅰ类	Pearson 相关性	0.697*	0.755*	0.488*
	显著性(双侧)	0.000	0.000	0.001
	N	40	40	40
Ⅱ类	Pearson 相关性	0.646*	0.697*	0.305**
	显著性(双侧)	0.000	0.000	0.044
	N	44	44	44
Ⅲ类	Pearson 相关性	0.485*	0.576*	0.091
	显著性(双侧)	0.001	0.000	0.571
	N	41	41	41
Ⅳ类	Pearson 相关性	0.315	0.350	-0.022
	显著性(双侧)	0.346	0.292	0.949
	N	11	11	11
Ⅴ类	Pearson 相关性	0.340	0.423**	0.096
	显著性(双侧)	0.061	0.018	0.608
	N	31	31	31

* 在 0.01 水平(双侧)上显著相关。

** 在 0.05 水平(双侧)上显著相关。

但不可忽视的是,在此次被调查的 GDP、人口数量和区域面积三个因素中,分别与五类会员之间的相关关系存在较大差距,且部分因素与会员的相关系数不具有统计学意义($p>0.01$ 或 $p>0.05$),如各地区Ⅳ类会员数量与该地区的 GDP、人口数量和区域面积之间的相关系数均不具有统计学意义,表明他们之间没有明显关系。而同一因素对不同类别的会员的影响也不尽相同,如当地人口数量对Ⅰ类会员的影响比对Ⅱ类会员的影响要大(相关系数 $r_1=0.755>r_2=0.697$, $p<0.01$);在同为非营利的组织中,Ⅱ类会员数量比Ⅲ类会员数量受当地的 GDP 影响更大(相关系数 $r_2=0.646>r_3=0.485$, $p<0.01$)。整体来看,在具有显著相关的关系中,受当地 GDP 影响最大的是Ⅰ类会员,其次是Ⅱ类会员和Ⅲ类会员,该排名也同样适用于人口数量因素

中，这可能是由于Ⅰ类会员自身性质的不同，属于营利性公司，其对当地经济社会发展具有很大的依赖性，故而更多地聚集在人口密集、经济发展程度较高的地区；而与此相对应的Ⅱ类和Ⅲ类会员均属于非营利性组织，它们受经济的影响压力相对较低，其性质更具有公益性和社会性，所以与当地GDP和人口数量的相关系数也随之较低。

第三节　美国体育旅游组织与四大职业联赛的关系

一、美国四大联赛球队分布特点与分析

美国体育旅游业的迅猛发展离不开四大联赛各赛季活动的举办。四大联赛作为美国体育发展的象征性标志，在经济、政治、社会、文化等层面推动了全球化发展，尤其是体育全球化的发展。从微观上看，体育旅游本质上是个体在旅行过程中体验感受不同体育项目带来的身体心理上的冲击感和愉悦感以及对地域文化的尊崇认同，而体育旅游者意识行为也潜移默化地影响着目的地文化等方面的发展，实际上也是体育全球化的表现之一。以参与型和观赛型为主的美国体育旅游产业发展现状，使得其相关体育旅游组织发展更加倾向于依托四大联赛和其他体育旅游资源开发建设。各体育旅游组织围绕相关赛事活动推出不同性质的体育旅游路线，丰富了体育旅游组织供给内容，进一步促进了美国体育旅游市场发展。随着四大联赛的发展，尤其是其影响力全球化深入发展，在体育旅游组织运营中的重要性日益凸显。

（一）四大联赛简介

北美四大职业体育联盟，由美国职业橄榄球联盟（National Football League，NFL）、美国职业棒球大联盟（Major League Baseball，MLB）、美国职业篮球联赛（National Basketball Association，NBA）和美国国家冰球联盟（National Hockey League，NHL）组成。

NFL是美式橄榄球最高级别的体育联盟，每年的“超级碗”是美国现今最受欢迎的体育赛事。美国职业橄榄球大联盟居北美四大职业体育运动联盟之首，是世界上最具商业价值的体育联盟，也是世界上规模最大的职业橄榄球大联盟。联盟最早在1920年5月以美国职业美式橄榄球协会（American Professional Football Association）的名义成立，后来在1922年1月28日改名为国家橄榄球联盟。国家橄榄球联盟由32支来自美国不同地区和城市的球队组成，分为美国美式橄榄球联会和国家美式橄榄球联会两

个联会。每个联会由东西南北四个分区组成,每个分区有四支球队。每年的赛事分为季前(preseason)、常规季(regular Season)和季后(playoff)三个时间段。季前赛共四周,作为常规赛的热身。美国橄榄球联合会(American Football Conference),简称美联(AFC),前身是与 NFL 激烈竞争的美国橄榄球联盟(American Football League 简称 AFL,因为之前历史上先后曾有过三个同名的联盟,也称 AFL Ⅳ),全盛时期有 10 支球队。国家橄榄球联合会(National Football Conference),简称国联(NFC),是现今 NFL 的前身。1920 年,美国职业橄榄球协会(American Professional Football Association, APFA)成立,1923 年更名为美国职业橄榄球联盟(NFL)。

MLB 是北美地区最高水平的职业棒球联赛,由美国联盟(American League)和国家联盟(National League)组成,美国联盟使用指定打击的规则,而国家联盟则没有使用该规则。每年各个联盟的冠军球队将一决高下争夺世界大赛(World Series)的冠军。未来十年,MLB 的目标是在中国民众中普及并推广棒球运动,使棒球成为中国人自己的体育项目和最受欢迎的运动之一。

NBA 于 1946 年 6 月 6 日在纽约成立,是由北美 30 支队伍组成的男子职业篮球联盟,是世界上水平最高的篮球赛事。NBA 的 30 支球队分属两个联盟:东部联盟和西部联盟,每个联盟由三个赛区组成,每个赛区有 5 支球队。NBA 的赛程安排分为夏季联赛、季前赛、常规赛、季后赛和总决赛。季前赛无特定主客场,常规赛采用主客场制,季后赛和总决赛采用七场四胜制的淘汰制。

NHL 是一个由北美冰球队伍所组成的职业运动联盟,也是北美最大的职业冰球赛事。NHL 是全世界最高层级的职业冰球比赛,为北美四大职业运动之一。队伍共分成东、西两个大区,每个大区各分为三个分区。NHL 于 1917 年在加拿大魁北克蒙特利尔成立,成立之初有 6 支队伍,在一系列的扩展之后,暂时共有 31 支球队,其中 25 支位于美国,6 支位于加拿大。

(二)四大联赛队伍分布特点

总体上看,美国四大联赛队伍分布呈现东西多、中部少的特点:位于美国西海岸的加利福尼亚州和位于东海岸的宾夕法尼亚州、纽约州、北卡罗来纳州、佛罗里达州等地拥有美国绝大部分联赛队伍,反观美国中部,科罗拉多州、怀俄明州等地,几乎没有联赛队伍入驻(图 3.12)。

在美国 51 个州中,有 27 个州拥有职业联赛球队,数量由多到少分别是加利福尼亚州、纽约州、佛罗里达州、得克萨斯州、宾夕法尼亚州、俄亥俄州、华盛顿州、北卡罗来纳州、伊利诺伊州、亚利桑那州、科罗拉多州、明尼苏达

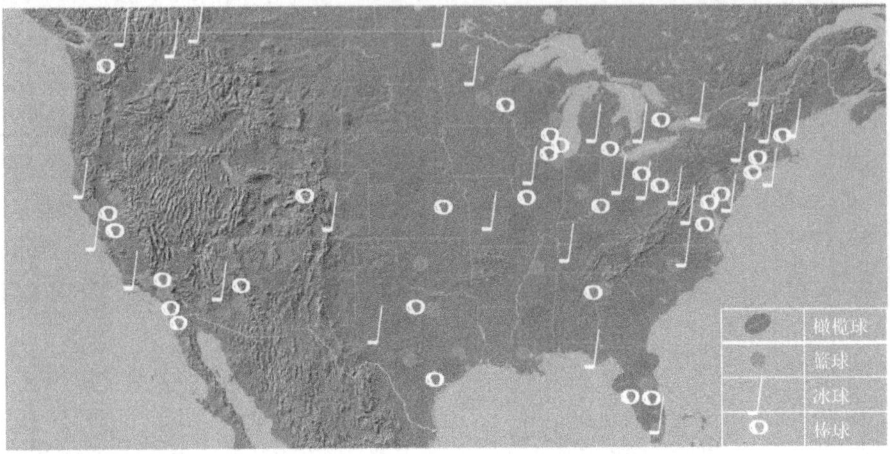

图 3.12　美国四大联赛球队分布图

州、密歇根州、马萨诸塞州、威斯康星州、田纳西州、佐治亚州、堪萨斯州、印第安纳州、马里兰州、密西西比州、内华达州、犹他州、俄克拉荷马州、俄勒冈州、密苏里州、新泽西州。

四大联赛球队与各州经济发展情况密切相关。加利福尼亚州作为美国 GDP（占美国 GDP 的 14.6%）和人口总量排名第一的大州，毫无疑问的拥有着最多的联赛队伍：4 支 NBA 球队（勇士、国王、湖人、快船），3 支 NHL 球队（小鸭、国王、鲨鱼），5 支 MLB 球队（运动家、巨人、教士、道奇、天使）和 4 支 NFL 球队（突袭者、闪电、49 人、公羊）共 16 支职业联赛队伍。纽约州位于美国东北部，是美国经济最发达的州之一（GDP 占美国的 8.1%），人口数量排行第三，拥有的联赛队伍数量仅次于加利福尼亚州：2 支 NBA 球队（篮网、尼克斯），3 支 NHL 球队（游骑兵、岛人、飞刀），2 支 MLB 球队（大都会、洋基）和 3 支 NFL 球队（巨人、比尔、喷气机）共 10 支职业联赛队伍。拥有联赛队伍数量排名第三的是佛罗里达州（GDP 占美国的 5.1%）：2 支 NBA 球队（热火、魔术），2 支 NHL 球队（闪电、美洲豹），2 支 MLB 球队（马林鱼、魔鬼鱼）和 3 支 NFL 球队（海豚、美洲虎、海盗）共 9 支职业联赛队伍。

（三）四大联赛队伍分布特点分析

美国四大联赛联盟属于商业组织，正如其他行业的投资者一样，营利是他们把资金投入该行业的内驱力。从球队经营状况与球队数量的关系来看，当球队经营状况良好时，球队老板就会保持或增加资金注入，同时也会吸引其他投资者组建新球队，球队的数量就会增加。当球队处于负债经营时，球队老板就会把资金从球队中撤出，球队的数量就会减少。从球队地域分布与球队经营状况的关系来看，当球队经营状况良好时，球队老板将保持球队留在原本的城市。当球队亏损，且并不是因为其经营不善造成的，球队老板就会考虑球队主场的搬迁。

为了获取更多的利润，四大联赛的每个球队都想把自己的主场设置在经济发达，且该项运动深受市民喜爱的城市。但问题是，每个城市对职业球队的容量是有一定限度的。如果某个城市的职业球队数量过多，那么，这些球队的观众市场就会被稀释，进而会导致球队的门票收入减少。另外，如果某个城市的职业球队过多，球队间就会争夺赞助商、冠名商等，这样会引发联赛球队内部的内耗。正是鉴于上述原因，四大联赛的管理者通过设置进入壁垒对球队数量和地域分布实施了严格控制：如果有投资者想投资组建新的 NBA 球队，那么他要具备一系列的硬件要求。这些硬件主要包括以下几个方面：第一，交纳“入门费”，每支 NBA 球队在刚进入联盟时都会缴纳一笔价格不菲的入门费，尽管价格不菲，但这笔入门费却丝毫不能阻挡球队老板的热情，毕竟一支 NBA 球队的营利是极为可观的，联盟转播费、广告费、球队区域转播费、球队门票收入、球队广告收入、周边产品抽成、球员球衣销售抽成、球馆内消费收入等都是 NBA 球队的营利途径。第二，训练、比赛的设施保障，每支球队必须拥有自己的“主场”，也就是属于该球队的比赛场所，联盟对于比赛场所的建设要求很高，球馆必须严格按照相应要求进行建造，同时，球队必须保证为运动员提供数个训练场馆。除一系列硬件设施要求外，球队必须拥有主教练、助理教练、体能教练、队医、装备管理员等完善的人员配备。第三，新球队必须具有一定的市场经营开发能力，都说 NBA 是一个商业联盟，的确如此，受商业利益驱使下的 NBA 联盟要求各球队必须具有一定的市场经营开发能力。目前，美国四大联赛的球队数量和地域分布比较均匀、合理，它使得各联赛在最大化吸纳社会资金、获取最大收益的同时，保障了各大联赛的可持续发展。

二、美国四大联赛与体育旅游组织之间的关系

美国四大联赛作为主要观赛型体育旅游资源，日益受到各体育旅游组织机构的关注，而四大联赛的重要组成部分便是各俱乐部的参赛球队。随着电视转播权的交易权限开放和信息技术发展，球迷可以足不出户观看比赛，但是由于体验感较差，缺乏现场互动，球迷为追求群体归属感，更偏向于前往现场观看比赛，这些观看现场比赛的球迷也是体育旅游产品的潜在消费者。鉴于球迷对不同球队的钟爱程度不同，体育旅游组织机构结合赛季安排和实际情况设计不同的旅游组合线路，以满足这部分消费者的个性化需求。而球队分布情况在一定程度也可以折射出不同区域经济、文化、体育等发展情况，进而影响体育旅游组织对供给内容的选择和决策。在本书前

面内容中阐述了美国体育旅游组织和四大联赛球队分布情况,通过对美国各州四大联赛球队总数和各州体育旅游组织数量进行相关性分析,探究两者之间是否存在内部相关关系,为深化区域体育旅游发展提供数据支撑。

各州四大联赛球队数量并非均匀分布,在51个州的112支球队中,仅有27个州建立了球队,这些球队分布情况与各州经济、政治、文化、教育密切相关,因此,在相关性分析中,仅27个州同时拥有体育旅游组织和球队。美国体育旅游组织数量与四大联赛球队数量之间存在显著正相关关系,表明在一个州区域内四大联赛球队数量越多,存在的体育旅游组织数量就越多,充分说明了以观赛型为主的体育旅游活动将成为美国体育旅游组织机构的主体活动内容。

四大联赛各球队所产生的经济和社会效益受到社会各方面的关注,各行各业期望可以进入体育行业占领这块红利洼地,而体育旅游产业作为体育产业组成部分之一,有效结合体育资源进行开发建设,追求经济社会效益最大化的目标与四大联赛球队俱乐部的期望不谋而合。而各州四大联赛球队数量间接影响了体育旅游组织的发展,随着各州球队数量的增加,四大联赛可观赏性竞争力越来越凸显,同时也吸引世界各地球迷游访自己所钟爱的球队所在地,进而促进了体育旅游业的发展。此外,美国体育旅游业的迅速发展也在一定程度上刺激了各州体育运动的发展。在全球旅游需求旺盛趋势下,特色鲜明、满足个性化需求的旅游产品越来越成为各旅游组织机构追求的目标。体育旅游作为新兴旅游形式,日益受到游客的青睐,其开展情况依托于旅游资源现状,而在美国人口密度低、人口老龄化背景下,如何有效开发体育旅游资源成为难题。在美国四大联赛的发展推动下,体育赛事旅游资源逐渐成为关注的焦点,与此同时,为了提高联赛精彩程度,满足观众需求,追求更多的经济效益,各州球队俱乐部的迅速发展也促进了各州体育运动的发展。

第四节 美国体育旅游区域发展对我国体育旅游的借鉴

本章重点突出了非营利体育旅游组织在美国体育旅游业中所起到的媒介作用,其为供应商提供了销售平台,为游客提供了信息平台,联结了体育旅游产业链的供产商和游客。其中,在Sports ETA会员中占比最大的会展局从休闲的角度拉动了体育旅游,当地社区不断意识到体育对一个城市的经济有巨大影响力,各地区会展局为游客们提供了“一站式”的旅游目的地服务,使人们尽情享受旅行的乐趣,充分体现了旅游的休闲功能,满足人们的休闲需求。同时,美国体育旅游业发展正逐渐弱化商业运作。在

Sports ETA 会员中,营利性公司与体育委员会等非营利部门占据同等地位,表明美国体育旅游业已经发展到更加注重社会效益、淡化经济效益的地步,提倡从社会效益中产生经济效益。体育是美国社会的重要组成部分,Sports ETA 会员代表了美国区域体育旅游组成成分,会员结构的多样性也间接表现出美国社会对体育旅游产业的高度关注和参与积极性,人们逐渐认识到体育为社会所带来的催化剂作用,体育推动了社区福利的实施,突出了人们对社会和谐和健康生活方式的关注,为政府减轻了负担,并创造了积极的社会氛围。基于此,美国体育旅游区域发展对中国体育旅游发展的借鉴之处为以下几点。

一、推动体育旅游经济效益与社会效益双驱并行

体育是经济发展和振兴的重要推力之一,美国的体育旅游对旅游业的产值贡献超过 25%,是休闲旅游的重要组成部分,且拥有着深厚稳定的群众基础和完善的社会保障。体育赛事作为体育旅游主要吸引力之一,其赛事的举办不仅会带来简单的经济效益,也有助于提升社会凝聚力和增强民族认同感,实现自我价值的突破,解决疾病和健康等社会难题。目前,欧美政府注重体育旅游所带来的社会效益,并提供相应的资金和政策予以支持,而我国体育旅游目前以经济发展为主,注重体育赛事对经济的推力,侧重于强调经济效益,在未来可更加重视体育旅游所能创造的社会无形价值。

二、发展体育旅游非营利服务机构

美国的会展局和体育委员会等非营利组织,对美国体育旅游业起着主导作用,体育赛事与活动大都由这些非营利组织进行运营与管理,社会组织的参与提高了赛事营销水平与知名度,拓展了大众体育旅游参与渠道。在我国则主要由国家体育总局管理和发展体育事业,文化和旅游部等职能部门所涉及内容较少。虽然从职能上看,中美两国的体育职能部门均属于非营利组织,但概念却有差异。美国的体育旅游非营利组织填补了当地政府与企业在区域体育旅游上的空白,向大众提供免费的信息沟通平台和服务预定渠道,使大众可通过更便捷的方式参与体育旅游。基于此,我国可充分借鉴美国的体育旅游组织管理方式,并结合我国具体国情,探索我国的体育旅游管理和组织模式,有效利用非营利组织的力量来完善体育旅游产业服务。

三、培养本土化常规体育赛事

国际大型赛事有助于提高举办城市的全球知名度,吸引来自世界各地的游客,但随着举办国际大型赛事成本的激增,其伴随的投资风险也增大。

近年来，越来越多的欧美国家侧重于举办风险较小、成本较低且周期较短的区域年度体育赛事，并将这些赛事作为国际大型体育赛事的替代品，其成果显著。相较于发达国家，我国在体育赛事领域的发展时间短，全球体育影响力低，对国际大型赛事的依赖程度高，为了体育旅游的可持续发展，培育本土化的体育赛事将是我国未来发展的方向。本土化的体育赛事开发应注重对本土体育项目的内在国际化和全球化的培养，项目的内在国际化可以推动该项体育运动的全球化发展，而规律性的长赛季体育赛事则是体育旅游的根本。培养本土化常规体育赛事的过程，也是培养本土体育爱好者的过程，只有不断丰富区域性体育旅游产品内容，培养一代又一代的体育爱好者，才能真正推动中国体育旅游的持续发展。

四、完善体育旅游市场监督机制

在美国，政府机构与非营利组织之间界限分明，美国政府注重对非营利组织财务活动方面的监督和审查，每年美国税务局还会对其进行抽查或突击检查，一旦出现不符合其宗旨的活动和不当财务支出，或连续三年不申报，将会取消其免税资格，并开通了网站信息平台，对非营利组织进行透明化管理。同时，公众和媒体也在其中扮演着重要的监督角色。我国的体育旅游业作为一项新兴产业，其发展离不开政府部门的政策引导以及相关配套产业政策的支撑。但是体育旅游具有较强的专业性和独特性，横跨体育与旅游两个领域，而目前国家体育总局及文化和旅游部都没有专门针对体育旅游市场的管理措施，也缺少对体育旅游市场的监督机制。为了创造规范有序、健康文明的体育旅游市场环境，完善体育旅游市场监督机制将是大势所趋。

思考与讨论

1. 近年来，部分西方国家在体育战略上发生了哪些转变？并说明其发生转变的原因。

2. 在多种类型的美国体育旅游组织中，请指出哪一类型的体育旅游组织数量最多？并简要概括其分布特点。

3. 不同类型的美国体育旅游组织是否与其所在区域的人口数量、经济发展程度和地域面积之间存在关系呢？如果存在，请说明它们之间的关系类型。

4. 为什么说美国体育旅游组织与四大职业联赛之间存在关系？请说明原因。

5. 与国外体育旅游组织发展相比，我国体育旅游组织发展可以借鉴哪些方面？

第四章

体育旅游和社区文化品牌——以美国为例

第一节 社区文化品牌理论相关概述

社区是城市发展的落脚点，社区的良性发展促进城市的高速发展。在社会的高速发展下，城市规模日益扩张，城市人口急剧增长，城市化的进程不断加快。伴随着城市经济的飞速发展，城市的发展问题逐渐显露，而社区作为城市发展的落脚点，其自身的良性发展有利于推进城市的成长。在此背景下社区建设应运而生，成为解决城市发展问题的有效途径。社区文化作为基层文化建设的一部分，在满足社区居民精神文化需求的过程中发挥出巨大作用，通过对社区文化品牌的不断塑造，可以为城市文化的发展持续注入新的活力。如今时代飞速发展，国民生活水平迅猛提高，居民对生活品质的要求也日益增多，传统的观赏性活动已无法满足社区居民的精神文化需求。在呼吁旅游和文化结合的新时代，体育旅游作为一种新兴的运动交流形式，通过体育活动与旅游活动的融合为社区的发展带来新的活力，凭借其体验性为社区文化的打造提供独特价值。美国是全球较早进行社区研究的国家之一，同时作为一个体育大国，美国体育旅游的发展也积累了丰富的经验，借鉴国外的成熟经验对我国的发展不仅能起到促进作用，还能使亟须发展的产业少走弯路。

一、社区的概念

社区是社会学研究中的基本概念，西方国家首先对社区进行了研究，德国的社会学家斐迪南·滕尼斯（Ferdinand Tonnies）被学界公认是社区概念提出的第一人。滕尼斯提出，社区是乡村地区的一种团体，它们由同质人口组成，相互之间关系密切且具有人情味。同时期的中国，以费孝通为代表的燕京大学社会系学生将“社区”的概念引入中国，开启了国内学界对于社区的研究。在国内早期的社区研究中，将某一地域内由若干群体聚集而成的、在生活上互相关联的大集体称为社区。随着社会结构的发展与演变,社区被赋予了更多内涵。随后,社区被指代为这样一类的群体及其活动区域,他们参与一些社会活动,具有某种互动关系和共同文化维系力,其核心内容为社区内群体间的互动关系及社会活动。在大多数社区的概念中,地域和人群是构成社区的两个基本要素,社区总是占据一定的地域,社区的存在同样离不开特定的人群,规章制度、特色文化等相关要素也成为社区中的重要内容。然而,社区的发展是否一定受到地理上的束缚,虚拟社区的产生为我们提供了新的思路,基于共同兴趣、共同目标等形式形成的新型社区,不仅打破我们对传统社区的认识,也拓展我们对社区的进一步研究。

二、社区文化的发展

20 世纪 80 年代中期,社区文化在社区的研究中逐渐衍生。社区文化可以从广义和狭义两方面理解,广义上的社区文化主要指社区内物质文化、观念文化和制度文化的总和;狭义的社区文化特指社区群体意识、价值观念、生活方式等文化现象的总和。价值观是社区文化的核心,有学者认为社区文化就是社区居民在共用生活中积累而成的共享价值观念与行为规范的总和。同时,社区文化还包括社会规范、社区精神、文化环境、行为准则等内容。社区发展中,社会凝聚力不断增强,社区文化对居民素质的影响力也越来越明显,在如今文化大爆发的时代,社区文化作为社区文明进步的产物是不可或缺的。社区文化的发展是中国社会发展的需要,也是历史的必然。在社会主义精神文明建设的新时代,社区文化的建设成为社区文化研究的重点。社区文化的教育功能提高居民的综合素质;社区文化营造出的社区精神不仅提高人们的精神境界,也增强社区成员的归属感与认同感;社区文化创造的良好氛围促进社区之间的积极竞争,这不仅带来巨大的经济效益,也推动社区自身和社会整体的发展。城市社区文化的研究加速中国社会现代化的进程,城乡社区文化的研究更是推进城乡的合作与交流,帮助我们解决城乡发展问题,从而促进城乡社区文化建设的一体化。

三、社区文化品牌的构造

文化品牌的实质是文化产业品牌化的结果,是文化经济价值与精神价值的双重凝聚,文化品牌是地域文化的浓缩与精华,它代表着一个地域的文化属性。社区文化品牌在文化品牌的基础上形成,有学者将社区文化品牌定义为基于社区的区位要素特征、经济社会特征、历史传统特征等内容而形成的具有规模效应、集聚效应和辐射效应的文化品牌。社区文化是社区建设的核心内容,文化品牌是提高社区文化影响力与竞争力的重要载体,品牌建设是打造社区文化的有效途径。社区文化品牌的构造对整个社区的发展影响深远，社区文化品牌建设的构建路径与策略分析成为学界研究的重点。社区文化品牌构建的基础是凝练社区特色内涵，并使之蕴含社区的独特个性和受众效用，特色要素与核心价值是品牌构建的前提。在互联网新媒体时代，传播渠道的拓展成为品牌推广的重要方式，新的传播系统更进一步展现出社区文化品牌的价值。政府、市场与社会的多方治理也为品牌的构建提供发展保障，推动社区文化品牌建设发挥出其自身的价值。在未来的研究中，如何让社区文化更具活力，发挥出更大的价值将成为重点之一，多方的融合将提供更大的空间，社区文化品牌与体育旅游的融合也会成为一个发展方向。

第二节　社区文化、体育与旅游的融合

一、社区文化、体育与旅游融合发展的背景

随着大众旅游的兴起，人们对旅游品质的需求不断提高，传统的以展示自然资源为主的观光旅游已经远不能满足人们日益增长的旅游需求，文化旅游日益受到人们的青睐。越来越多的人走出家门，去体验不同地方丰富多样的特色文化。2018 年 3 月 13 日，国务院机构改革方案决定：将文化部、国家旅游局的职责整合，组建文化和旅游部，作为国务院组成部门，不再保留文化部、国家旅游局。4 月 8 日上午，文化和旅游部正式挂牌，预示着中国将开启文化和旅游融合的新时代。文化是旅游的灵魂，旅游是文化的载体，文旅的融合发展将进一步解决旅游发展中同质化的问题，为旅游产业带来新的生机。在文旅的发展中，要进一步加大政策扶持力度，构建大产业体系，同时也要丰富融合发展新形式、创新融合体系，在技术、资源、市场、产业上也要进行更加深度的融合。

在消费升级的大背景下，体育与饮食、生活、时尚、旅游、文化等领域之间的融合越来越广泛，“体育+”的模式将进一步推进文旅产业的融合创新发展。体育将成为文化传播中的重要载体，通过体育旅游的方式，进一步地表达与传播文化。通过体育赛事旅游的呈现，让游客感受到各区域的文化特色；通过民俗体育旅游的表达，让游客进一步地了解各地传统风俗与传统文化；通过怀旧体育旅游的发展，让游客更加深入地发现不同的历史文化达到教育的目的等。体育旅游使文旅融合发展更赋新意，通过融入极具参与感和直观感的体育活动，吸引到更多的游客参与，并将各种文化元素穿插于体育活动中，在体验中普及文化、感受文化，这种与传统学习不同的方式会更加有趣、更受人们的欢迎，可以吸引到更多游客参与，也让人们更易接受并

留下深刻的印象，同时传递给更多身边的人。这也就是文旅体相融合的最佳模式。

以“体育+”的发展模式，通过市场化运作，进一步促进体育与文化、旅游融合发展，从而更加积极地发挥出体育文旅的作用，这将在改善群众生活、促进产业发展与助推城市建设等过程中提供巨大的帮助。为更好地推进体育文旅的融合发展，也为进一步发挥体育文旅融合发展的多方作用，文化旅游体育局、文化旅游体育委员会等相继产生，如2018年海南省就成立了海南省旅游和文化广电体育厅。在大方针与政策的指导下，其主要职责不仅要因地制宜地拟定体育文旅的规范性文件，更要编制详细完备的发展规划和年度计划并实施，从而满足人们对美好生活的追求。在各方的推动下，文旅集团与体育集团也进行了更多的战略合作，这将更加积极地整合体育文旅的资源，推动体育文旅的融合发展，形成全方位全产业链的发展格局。体育、文化、旅游的融合发展已是大势所趋，企业与政府相辅相成，立足各地特色体育资源和功能定位，发挥比较优势，推动不同地区体育产业多样化、差异化发展，推动“体育+文旅”联动发展。

二、体育文旅融合相关支持政策梳理

随着社会经济的高速发展和交通状况的不断改善，居民的可分配收入持续增长，自驾游、露营旅游等新潮休闲方式兴起，旅游业得到了迅速的发展。作为国民经济战略性支柱产业，在新时代新形势的背景下，旅游业将实现由高速旅游增长阶段转向优质旅游发展阶段的转变，旨在满足国民高品质个性化的旅游需求，实现国民对美好生活的向往。传统单一的旅游形式已无法满足群众的需求，多元化的元素越来越受到各方的青睐，产业间的融合发展变成大势所趋。近几年的发展中，文化和体育越来越成为旅游发展的关键，文化提炼品牌、体育打造载体、旅游落地发展将成为体育文旅融合发展中的关键模式。在体验经济的时代，体育文旅的融合会变得越来越紧密，以文化、体育等元素为主题的旅游活动将会变得越来越多，体育文旅成为新趋势，也成为政府和企业关注的新热点。

计划的制订为产业的发展提供方向，政策的出台为产业的发展提供保障。近年来，体育文旅的融合发展成为社会经济发展中的热点问题，国家和政府相继出台多方政策，进一步保障与推动体育文旅的发展。在国家方针的指引下，中央和地方均出台各种政策，发文单位包括国务院办公厅、国家发改委、国家体育总局、国家旅游局（现文化和旅游部）等机构，其内容涉及各个方面，既包括人才培养，也包含产业融合发展，还涉及社会资本、城市发展、居民消费等方面（表4.1）。

表 4.1　体育文旅相关政策一览表

时间	发文单位	文件名称	相关内容
2016 年	国务院办公厅	《国务院办公厅关于进一步扩大旅游文化体育健康养老教育培训等领域消费的意见》(国办发〔2016〕85 号)	围绕旅游、文化、体育、健康、养老、教育培训等重点领域,引导社会资本加大投入力度,通过提升服务品质、增加服务供给,不断释放潜在消费需求
2016 年	国家发改委	《关于促进消费带动转型升级的行动方案》(发改综合〔2016〕832 号)	在切实落实职工带薪休假、加快建设自驾车房车营地建设、培育新兴旅游消费热点等政策的同时,下一步要着力增加个性化、多样化旅游产品供给,进一步满足居民旅游休闲消费升级需求
2016 年	国家体育总局	《体育产业发展"十三五"规划》	促进融合发展。大力发展体育旅游,制定体育旅游发展纲要,实施体育旅游精品示范工程,编制国家体育旅游重点项目名录。着力打造体育用品、体育旅游和体育文化等展示平台
2017 年	国家旅游局	《"十三五"旅游人才发展规划纲要》	旅游新业态人才开发计划。适应"旅游+"融合发展需要,加紧培养自驾车旅居车旅游、海洋及邮轮旅游、森林旅游、冰雪旅游、低空旅游、工业旅游、农业旅游、文化创意旅游、健康医疗旅游、研学旅游、体育旅游、商务会展旅游等各类专门人才。研究制定旅游业重点人才开发目录。鼓励高校根据旅游业态发展,设置相关专业或专业方向。加强与相关产业部门合作,推进"旅游+"复合型人才开发
2018 年	国务院办公厅	《国务院办公厅关于促进全域旅游发展的指导意见》(国办发〔2018〕15 号)	推动旅游与科技、教育、文化、卫生、体育融合发展
2018 年	国务院办公厅	《国务院办公厅关于加快发展体育竞赛表演产业的指导意见》(国办发〔2018〕121 号)	坚持"体育+"和"+体育"做法,促进体育竞赛表演产业与文化和旅游、娱乐、互联网等相关产业深度融合,拓展发展空间,为经济增长提供支撑

第三节　美国的体育旅游和社区文化

一、美国的体育旅游

美国是世界头号体育强国,也是世界头号体育产业大国,早在二十世纪六七十年代,美国就开始发展和研究体育旅游,至今,美国的体育旅游已发展得较为成熟,值得其他国家借鉴。据 *Sports Business Journal* 统计,美国每年与体育相关的旅游市场约 445 亿美元,具体分布如下:观众约 408 亿美元、高校约 11 亿美元、主要专业队伍约 2 亿美元、其他约 24 亿美元。根据美国旅游协会统计数据,当人们选择参加距家 50 英里(1 英里 = 1.609 千米)以上的旅行时,有超过 5 000 万成年人作为观众或是参赛者参加有组织的体育赛事、竞赛或锦标赛事,旅行中最受欢迎的体育赛事有棒球、垒球、橄榄球、篮球、高尔夫以及赛车等。在 2013 年美国最受欢迎的城市调查中,*Travel + Leisure* 期刊的读者投票选出他们喜欢的体育旅游相关城市,排名靠前的分别为芝加哥、丹佛、波士顿、费城、纽约、休斯敦等。

概括来说,美国的体育旅游可分为四类:即职业体育旅游、业余体育旅游、户外运动以及与体育有关的旅游活动。职业体育旅游以美国四大职业体育联盟为代表,具体为美国职业棒球大联盟、美国国家冰球联盟、美国职业橄榄球联盟、美国职业篮球联赛,他们分别开始于 1869 年、1971 年、1920 年和 1946 年。业余体育旅游的竞技程度低于职业体育旅游,在美国较为常见的有马拉松赛事、大学体育赛事等。截至 2015 年,美国排名前十的马拉松为:纽约马拉松、芝加哥马拉松、波士顿马拉松、海军陆战队马拉松、洛杉矶马拉松、夏威夷火奴鲁鲁马拉松、华特迪士尼马拉松、费城马拉松、双城马拉松及休斯敦马拉松(表 4.2)。大学生美式橄榄球与大学生篮球也属于业余体育旅游的范畴,这在美国当地也是很受欢迎的赛事,全年累计观赛人数可达上千万。户外运动则包括高尔夫、钓鱼、狩猎等,美国户外运动的发展与

表 4.2　2015 年美国排名前十马拉松

排名	赛事名称	起源年份	完赛人数(人)
1	纽约马拉松	1947	49 365
2	芝加哥马拉松	1977	37 392
3	波士顿马拉松	1897	26 612
4	海军陆战队马拉松	1976	23 184
5	洛杉矶马拉松	1986	21 940
6	夏威夷火奴鲁鲁马拉松	1973	21 551
7	华特迪士尼马拉松	1994	19 974
8	费城马拉松	1954	9 161
9	双城马拉松	1975	8 543
10	休斯敦马拉松	1972	7 145

国家公园有密不可分的关系，美国有近 417 个国家公园和 154 个国家森林，作为户外运动发展的重要载体，如此庞大健全的国家公园和国家森林体系为美国的户外运动发展提供了巨大的机会。与体育旅游相关的旅游活动具体为参观体育博物馆、体育名人堂以及体育设施等。美国约有 60 个国家级体育博物馆和名人堂，其中规模较大的有位于纽约州的全国棒球馆名人堂、佛罗里达州的世界高尔夫名人堂、俄亥俄州的职业橄榄球名人堂，还有贝比鲁斯故居和博物馆、NCAA 冠军大厅等，都是一些规模较大、游客较多的体育博物馆和名人堂。除此以外，棒球春训、青少年体育旅游以及体育专业旅行社等，都是美国体育旅游发展中的关键部分，它们共同对美国体育、旅游、经济、文化等方面产生影响。

二、美国的社区文化

社区是社区文化的生产地、生存地和传播地，中国和美国的发展历史截然不同，因此在社区和社区文化中也存在着诸多差异。美国首先形成的是社区，在此基础上产生了国家，在公共文化建设上，美国具有鲜明的社区特征，社区文化也成为美国的显著特征。在美国，社区服务和每一个公民直接相关，社区服务的好坏是社区成员检验社区政府工作的重要标准，这使得美国政府非常重视社区文化，社区文化建设因此受到各方面的重视和关注。但是社区在物质生活方面所做的工作并不太多，而是把大多数的时间和精力集中在了文化服务方面。美国的社区自治模式比较成熟，社区中心是由当地政府部门的公园和休闲部负责管理的，每个社区中心的办公地点一般都设在社区公园里，社区合作委员会是社区文化建设中的组织机构，一般由十几人组成董事会，负责管理社区内的文化艺术体育技能等其他丰富社区居民文化生活的内容。

很多社区会根据住户文化层次和收入状况，有针对性地开展各项文体活动。在社区中，人们接受文化服务的场所大多是文化公共设施，如公园、图书馆、文化中心、体育场等，政府利用社区的文化资源为社区居民服务。日常的一些活动有：音乐会、芭蕾舞表演、邀请艺术家来演出等，有些社区还举办“如何教育过继儿女”“从国内外领养孩子信息报告会”“家庭装修与设计”“如何化妆”“食品与营养”等知识讲座，还有专为老年人开办的讲座，如“电脑的选择与使用”“如何上互联网”，为孩子安排有音乐讲座、画画，观看动画片、皮影戏等活动。此外，社区每年还举办一些大型艺术节和文艺晚会，为调动居民积极参与，社区还组织一些比赛项目，如绘画赛、艺术表演赛等。社区还会出版一些社区公报、活动手册等，免费向社区居民寄送，同时还开设社区网站，让社区居民及时了解社区文化娱乐信息，积极参与到社区的文娱活动中。

美国的社区之所以发展较好，主要有以下几点原因。一是有地方政府支持和充足的活动经费。社区年度经费一般没有政府财政预算,但政府都会给予有力的政策支持,如将社区房地产税、个人财产税、公共停车场收入的税收等部分划归社区使用。这部分一般约占社区文化经费的绝大部分,其余则来自社会及个人捐款、社区为居民提供服务收取的管理费等。二是社区得到各行业的支持,充分利用社会设施开展文化娱乐活动。社区委员会成员来自商业、金融、艺术、地方政府等单位,便于把社区的文化娱乐机构与企事业单位密切联系起来,为社区文体活动提供场所。举办活动时,当地的展览室、音乐厅、电影院、剧院等活动场所无偿或打折供社区使用。因此美国人对社区都有比较强的归属感和共同受益感,很多人自愿为这些社区各项活动做义工,不收取任何报酬。三是教育和医疗资源的去城市化给社区发展创造机会。美国的大学和医院大多都不聚集在大中城市,乡村小城都有大学的存在。有些大学已建校百年以上,并且融入了当地人民的生活。与大学息息相关的大学体育、接地气的中小学体育和完整的业余体育赛事给体育旅游带来了产业链的支持。支持当地各级体育的发展不是一代人做的事情,已经形成的百年以上的传统,这也带动了社区可持续性发展。

第四节　美国体育旅游和社区文化品牌的融合

一、文化品牌的定位——形象的塑造

社区的形象对社区的发展至关重要,良好的社区形象也是对社区文化的外在宣传与内涵诠释,同时也将在一定程度上直接影响社区发展的大方向。而社区文化品牌的定位则影响品牌形象的塑造,通过不同的定位,社区将呈现出不同的风貌,并包含社区的经济、文化特色、历史传统等要素。体育赛事的举办是推广社区的有效途径,大型体育赛事、特色体育赛事等将会吸引社区内外人员的参与,这成为展示社区形象的重要方式。体育赛事旅游更是让游客拥有更多驻留时间,在观赛之余有更多的机会去感受当地的人情风貌,这将会加深游客对当地社区的印象。

通过体育赛事和体育赛事旅游,社区的多方资源将被展示在公众面前,这有助于重新树立社区形象并打造品牌效应。人们心中关于社区的印象被引导为与赛事相关的特质,随着赛事的深入开展,社区的形象得到更多的宣传与推广,在人们心中的形象也越来越根深蒂固。与此同时,体育明星的效应也有利于进一步对社区形象进行塑造,体育巨星将成为一个社区的标签,不仅定位与拓展了当地社区在万千球迷及游客心中的形象,也吸引更多的球迷和游客观赏,与体育明星相关的场所部分也将成为景点,这带动当地社

区的发展,帮助社区形象的塑造,也进一步推动文化品牌的树立。

以美国职业篮球联赛为例,克利夫兰骑士队的发展很好地诠释了体育赛事和体育赛事旅游在社区发展中重要作用。克利夫兰是一座发展了数十年乃至上百年的工业城市,属于发展较为缓慢的城市,而通过对克利夫兰骑士队的打造,篮球巨星勒布朗·詹姆斯所产生的效应使克利夫兰获得了新生,重新树立起品牌形象,并借助体育产业转型为体育旅游城市。2014年,詹姆斯从热火队转会至克利夫兰骑士队,这给克利夫兰带来了巨大的变化。詹姆斯回归克利夫兰骑士队的第一场比赛的门票平均售价高达758美元,是NBA最近5个赛季以来常规赛比赛的最高均值票价,与2013年的平均53美元的票价相比,詹姆斯让球队的票价暴涨了近14倍。除了经济领域,在旅游、文化及服务行业等其他领域,詹姆斯的回归也产生了许多积极的影响。

速贷球馆的外围挂出了詹姆斯的巨型海报(这在随后成为游客拍照的必经之地),詹姆斯的广告在社区各处循环播放,球场的地面被涂鸦成詹姆斯打球的画面,更是出现了以詹姆斯命名的街道,这无不彰显克利夫兰的篮球文化。2016年的季后赛中,骑士队推出"One for all, all for one"的宣传口号和视频,这极大地增强了社区内外成员的参与感,让更多人希望融入骑士队和篮球运动中,这也让外界深深感受到社区群众对于篮球的关注,以及在篮球运动中表现出的凝聚力。成功从一个传统的工业城市社区转型为一个体育社区,不仅极大地改变了社区的风貌,彰显了社区的运动文化底蕴,建立起属于自己社区的篮球文化品牌,也推动更多体育爱好者与普通游客来此观赏比赛、游览当地社区的人情风貌,既推进体育与旅游的共同发展,也促进了经济的增长。

詹姆斯虽然没有出自美国篮球传统大学,但是他为他的高中St. Vincent-St. Mary扬名。NBA大多数球星来自美国的各类大学,比如迈克·乔丹毕业于北卡罗来纳大学,詹姆斯·哈登毕业于亚利桑那州立大学,斯蒂夫·库里毕业于戴维森大学。还有其他体育明星,比如斯坦福大学的高尔夫球明星泰格·伍兹,密歇根大学的游泳明星麦克菲尔德。众多体育明星来自美国的各类大学,他们为自己的大学的社区发展和文化品牌的建设做出了贡献。

拓展阅读

● 克利夫兰相关介绍

克利夫兰市:美国俄亥俄州城市,建于1796年,位于美国的中部,俄亥俄州的东北部。这里的地理位置十分重要,位于连接美国东北部和中西部的铁路、公路干线上，是美国中部地区的交通要道。城市属于温带大陆性湿润气候，市区内的绿地众多，公园面积约 7 500 公顷，占城市面积的三分之一左右，有“森林城市”之称。基于地理和交通的优势，克利夫兰市成为一个制造中心，经济上依赖于制造业、金融服务业、医疗保健和生物医学等多元化行业。

旅游：克利夫兰市内公共建筑集中于闹市区的尤克利德大街，旅游景点大多集中于凯霍加河东部，有多所大学、科研机构、美术馆、自然博物馆和世界著名的克利夫兰管弦乐团，其中摇滚乐名人堂博物馆、克利夫兰艺术博物馆、库雅荷加谷国家公园等都是著名的代表。克利夫兰一年中有许多节日，克利夫兰时装周、克利夫兰国际电影节、冬季盛会等，许多游客慕名而来。

体育：克利夫兰目前主要的职业运动队包括克利夫兰印第安人队、克利夫兰布朗队和克利夫兰骑士队。当地的体育设施包括杰克布斯球场、速贷球场、沃尔斯坦中心等。体育赛事方面，克利夫兰举行过几次国家象棋比赛锦标赛，克利夫兰网球公开赛目前每年举行一次，克利夫兰马拉松赛自 1979 年起每年举办一次，还有速贷球馆的男子、女子篮球赛事等。

● 勒布朗 · 詹姆斯——体育巨星的产业效应

勒布朗 · 詹姆斯(LeBron James)，美国职业篮球运动员，在 2003 年 NBA 选秀中于首轮第 1 顺位被克利夫兰骑士队选中。2010 年詹姆斯转会至迈阿密热火队，并在此期间实现两连冠，代表美国男篮获得了伦敦奥运会金牌。2014 年，詹姆斯回归克利夫兰骑士队，并于 2016 年带领克利夫兰骑士队逆转战胜上届冠军勇士队，获得队史首个总冠军和个人第 3 个总决赛 MVP。2018 年 7 月 10 日，詹姆斯正式与湖人签下 4 年 1.53 亿美元的合同，现效力于 NBA 洛杉矶湖人队。

绣带城市克里夫兰，凭借克利夫兰骑士队的优异表现，以体育产业为提升经济的突破口，进行转型。借助詹姆斯的回归，克利夫兰吸引更多离家的克利夫兰人，以及全世界各地的体育爱好者。克利夫兰骑士队连续三年晋级总决赛，给克利夫兰带来数以千万美金计算的直接收入，还为整座城市带来巨大的影响力，整座城市的品牌效应因为体育产业而提升，以点带面，旅游、招商、招生等各个不同领域都因此而受益。

哈佛大学肯尼迪学院的 Daniel Shoag 和 Stan Veuger 发布的一项研

究表明，超级球星可以对城市的经济产生巨大的影响，研究中更具体地谈到，詹姆斯的出现使体育馆1英里（1英里=1.609千米）内类似的设施增加了约13%，就业人员增加了大约23.5%。像詹姆斯这样的超级巨星可以“产生不均衡的回报”，并影响比赛球迷上座率、球队市值以及当地商业就业等各种经济绩效指标。詹姆斯的回归，带动体育产业的发展，经济收入的大幅度增长；全面扩大了旅游业的影响，诸多景点、酒店、餐馆等因詹姆斯重新改造；促进人才回流，吸引了数以万计在外地生活的克利夫兰人及全世界各地的体育爱好者。体育在城市转型中是非常重要的一个抓手，而詹姆斯的巨星效应则很好地诠释了这一点。

二、文化品牌的计划——详尽的安排

品牌的发展是一个长久并且不断成长的过程，品牌的发展需要注意诸多事项，品牌的定位是什么、品牌给人的印象如何、品牌产品的质量如何、是否符合市场和消费者的需求、市场的现状如何、品牌的发展是否符合整个市场的背景、品牌的宣传是否到位、竞争对手的情况如何、优劣势在哪里，等等。如何良好地进行社区文化品牌的运营，更需要我们从长远的角度来进行考虑，结合各种注意事项制定发展计划、营销计划与活动计划等，而在体育旅游和社区文化品牌的融合发展中，体育旅游活动成为重要的载体，根据社区的实际情况制订出详细的活动计划，显得尤为重要。

在体育旅游和社区文化品牌的融合发展中，体育旅游活动是关键部分，借助体育旅游活动的开展可以有效地塑造社区的形象、推广社区文化并打造特色社区文化品牌。制订营销策略和营销计划是发展社区文化品牌的关键环节，而对于体育、赛事、旅游等与之相关的活动而言，活动的计划至关重要，这既包括了活动的内容是否足够吸引人，也包括活动的日期是否合理。提前公布出社区文化活动的计划与安排，成为吸引游客流量的一大有益手段。游客可以在适合自己的时间内，选择符合自己兴趣爱好的活动，而提前公布的活动安排则给予游客选择的空间，也给游客提前制订计划的机会，随着参与人群的不断增加，品牌不断地进行宣传与推广，品牌的影响力随之扩大。

在NBA联赛中，需要对两种不同类型的比赛制订计划，一种是常规赛（82场比赛）的安排，另一种则是一些特定比赛的安排，如圣诞大战、全明星大赛等。NBA比赛延续的时间比较长，比赛的场次比较多，常规赛从十月开始到次年四月结束，横跨了大约半年多的时间。在新一季赛事开始之前，官网将会提前公布整个常规赛季的安排，球队对阵的时间、比赛举行地点与举行时间等信息，都可以通过互联网搜索到相关信息。

此外,NBA 比赛一般情况下都是在美国的晚上举行,这更加迎合了人们的时间安排,从而吸引到更多人群的参与。而引人注目的圣诞大战与全明星比赛等,一般情况下是在年底举行,在这个时间段大家正好处于假期,对于美国人而言,这个时间段也是全年最放松的一个时刻,因此是非常适合观看比赛的。在这些特定比赛中,会有许多联盟中优秀的选手参与,并且会出现许多不同的赛事类型,如灌篮大赛、三分球大赛等,比赛的阵容和比赛形式与传统赛事明显不同,这也给人们带来了更多的新意。

美国大学生橄榄球比赛一般都会把三年的比赛时间表发布出来。这种通过提前几个月甚至一年到两年发布相关比赛的信息,并对参赛队伍、球队阵容以及比赛方式等进行深度的宣传与推广,利用几个月的周期,尽可能地吸引到更多的当地社区、其他社区的人员甚至是海外游客的参与,让他们拥有更多的时间也有更大的空间,可以提前安排自己的时间,进行签证办理、挑选酒店和旅游景点等事宜。正是因为优质的赛事、精彩的内容与宽裕的时间等因素,才吸引到更多的游客,也让更多的游客考虑来此社区观赏体育赛事、参与体育旅游活动。此外,这些外地的游客在活动或者赛事结束以后,通常会选择在当地社区进行一些其他的游览观光、娱乐休闲等活动,这也让当地社区的文化能够被更多地区的游客接触,进一步让社区文化品牌得到更大地推广。

三、文化品牌的交流——故事的叙述

文化品牌的交流就是通过对故事的叙述来吸引不同的消费者,使其成为文化品牌最为忠实的"粉丝"。首先要用故事打动人心,通过故事来传递情感,使文化更具魅力;其次注意所吸引的消费者群体,尽可能地使这种文化成为老少皆宜的文化,只有这样文化才能够有庞大的群众基础,才能持续发展下去。在美国你可以看到,很多一家几代人都是职业联赛的观众,从孩子到老人,无论男女,他们对体育文化都有着同样的信仰,这就是很好的品牌交流。

美国各城市间的流动性较强,大众对于大学的归属感超越了城市空间,超越了种族文化,亦超越了代际隔阂。与此同时,据统计美国有 80% 的人口接受过大学教育,因此对大学的归属感超过了对城市的归属感,校友文化根深蒂固。对于高等教育的崇拜,以及对体育运动的热爱,使得美国人对大学体育产生了浓烈的情结。这种情结赋予了美国全国大学体育协会(National Collegiate Athletic Association, NCAA)在美国社会中极为特别的地位。相对于更偏于商业表演性质的 NBA 比赛,美国人对 NCAA 比赛有着更高的忠诚度。美国将大学教育打造成了一种终身的文化认同,成为联系社会不同个体间的纽带。全民性、美国梦、认同感,这些元素在 NCAA 中都得到了最好的体现。每个学校都有自己的体育名人堂(Hall of Fame),时刻让学生记住为学校的品牌建设和名声传递做出贡献的运动员和教练员们。篮球运动员格林为了表达对母校密歇根大学的感激之情,曾一次性向母校捐款310万,用于支持学校的篮球事业。密歇根州立大学是传统篮球名校,出过很多NBA球星,包括埃尔文·约翰逊、扎克·兰多夫等多人均出自这个学校。不过这次也是自1997年以来学校收到的最大一笔来自运动员的捐款。1997年,NBA球星史蒂夫·史密斯向学校捐款了250万美元,创立了一个以他母亲名字命名的运动中心。由此可见美国人对大学、对体育文化的忠实程度。

拓展阅读

● 美国全国大学体育协会

NCAA是由美国千百所大学院校所参与结盟的一个协会。其主要活动是每年举办各种体育项目联赛,其中最受关注的是上半年的篮球联赛和下半年的橄榄球联赛。在NCAA里,一千多所美国和加拿大的四年制大学分成三个等级数十个联盟,进行橄榄球、篮球、棒球、冰球等球类联赛以及田径、体操、摔跤等其他项目比赛。NCAA的赛事是美国大学生学习之余的重要盛会之一。

NCAA共设23个比赛项目,其中球类运动13项,非球类运动10项。橄榄球、篮球(男子)、棒球和冰球(男子)是最受关注的4个项目,也是各校投入最多的项目,获得这4项的满贯是各个学校追逐的目标。截止到2014年,顶级联赛中只有密歇根大学完成了满贯(11次橄榄球全国冠军,1次男子篮球全国冠军,2次棒球全国冠军,9次男子冰球全国冠军)。除了密歇根大学,获得过其中3项冠军的还有加利福尼亚大学伯克利分校、俄亥俄州立大学、斯坦福大学、明尼苏达大学、加利福尼亚大学洛杉矶分校和密歇根州立大学。获得过其中2项冠军的也只有26所学校(包括上述学校)。

(NCAA标志)

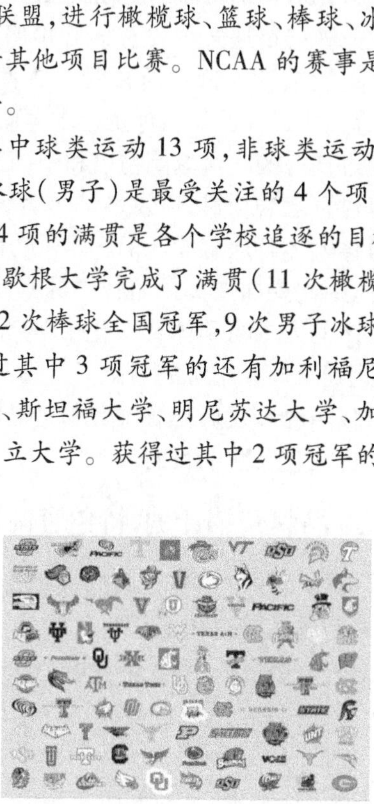
(NCAA各大学标志)

总之，美国体育旅游和社区文化品牌的融合与真实体验是分不开的。现场观看球赛和参与赛事是首要的真实体验。高科技的导入、慢动作的回放和别具一格的现场采访都拉进了观众和体育的距离。NBA 的 Cares 项目，目的在于让球星们走入社区做公益，有接触当地居民的机会。国际球星的加入、海外的比赛和广告都是巩固社区文化品牌的策略。身历其境、全身投入、诚挚交流和文化传承是体育旅游和社区文化品牌融合的体现。

第五节　美国体育旅游和社区文化品牌的塑造对中国的借鉴

一、品牌文化认同，核心价值传递

体育旅游的发展离不开消费者对体育文化的认同，只有消费者认同的体育文化，才能朝气蓬勃地发展下去。社区文化品牌的塑造和体育旅游的发展要首先取得消费者的信任，使消费者忠于所形成的体育文化品牌，而体育文化品牌的传递必须要有核心价值的体现，具有核心价值观念的体育文化品牌更能被广大群众所接受。体育核心价值的传递首先要凸显健康主题，体育文化最主要的目标是追求健康。以上海市为例，上海市的各大社区可以通过现有的乒乓球博物馆和中国武术博物馆的力量，发展乒乓球、中华武术等体育运动项目，以及增加体育设施等来促进社区休闲游憩的全面发展和对休闲体育旅游的认识。娱乐功能是目前很多群众参与体育运动的首要选择，因此要加强文化品牌中的娱乐性，满足不同人群的休闲娱乐需求，吸引更多的人参与到体育文化中，使潜在消费者转化为体育文化忠实的消费者，达到对体育旅游的贡献。上海市体育旅游与社区文化品牌的塑造可以通过以培养和发展体育文化核心价值的传递来达到促进体育旅游发展、塑造社区文化品牌的目的。

二、品牌营销计划，特色资源运用

品牌的推广是一个长期的过程，计划的制订成为这一过程中的关键环节，为之后的营销宣传做出良好的铺垫。通过体育赛事的举办我们可以粗略看出中美两国的一些差异，我国赛事的准备周期较短，一些赛事仅在开赛前一个月左右的时间公布甚至更短，这会导致之后的推广工作进行得很仓促。赛事的计划很重要，只有拥有了足够的时间、详细的安排，才可以有充分的时间进行赛事宣传，同时也给大众留出了更多规划的余地。随着品牌发展的演进，计划的重要性更体现在培养居民的惯性思维。到了什么季节可以参与哪些活动，哪些地方有什么活动，这是我国体育旅游策划目前所欠缺的。

如何运用社区的特色资源来带动文化品牌和社区的发展，这需要我们发现与社区最契合的资源，抓住关键时机以推动品牌的发展。以上海为例，上海是一个多元化的大都市，各个社区中的活动也层出不穷，只有形成自己社区的特色活动，才能逐渐产生品牌效应，吸引更多人群。以上海普陀区的长征镇为例，普陀区龙舟协会位于这里，龙舟便成了社区的一个传统，不仅在端午时节会举办龙舟特色活动，在平时也会举行龙舟挑战赛，并且与其他活动结合形成特殊的龙舟活动形式，这吸引了当地与周边社区居民的参与。

三、社区联动发展，国际品牌塑造

进入 2020 年，国际经济形势发生巨大转变，学者们对单一的输入性国际化产生了质疑。国际化不仅要有国际输入（入境游），还需要社区的内部联动。以上海市为例，上海市把上海自贸试验区制度创新与浦东建设国际航运中心核心承载区的联动研究作为重点，通过休闲游憩功能区的建立，发展和完善城市基础公共设施与产业的建设，因此上海市的体育旅游发展不能只靠体育产业和制造业发展，也就是说引进大型赛事已经不能满足体育旅游可持续性发展的需要。

体育旅游发展的重点在于定位前沿赛事、营造特殊体验和实现体旅融合，进而塑造文化品牌。每年在美国奥兰多举行的美国业余运动员联盟青少年女子排球赛就是创造和打造文化品牌的经典例子。到 2020 年 5 月为止，此项赛事已经举办了 46 届，有来自 18 个国家和地区的 2 800 多个排球队、45 000 余名选手、近 10 000 名排球教练和 12 万余名的观众参加了 12 天的盛会，给佛罗里达州中部地区带来了 9 100 万美元的经济收入。2012 年，此项赛事被吉尼斯列为全球最大的排球赛。排球赛带动了学校体育的发展，也促进了佛罗里达州的酒店业、餐饮业、主题公园业和其他旅游业的发展，吸引了 18 个国家和地区的选手参赛，从体育的角度给佛罗里达州树立了国际文化品牌。比赛的场地是当地的会展中心，为社区就业带来了机遇，为当地零售业创造了商机。在旅游营销方面，运动员到奥兰多参加比赛并借此机会游览了迪士尼主题公园，这正是利用体育为载体，营造特殊体验和实现体旅融合的经典例子。

总之，中国要发展体育旅游，与社区相结合是关键，创造出文化品牌是最终目标。目前中国还没有像英国温布尔登网球赛、美国肯塔基德比赛马锦标赛、巴西圣保罗 F1 大赛等经典的文化品牌赛事。这些赛事不仅仅是体育比赛，而是独特的文化名片，与社区的教育、文化、经济和体育发展密切相关。

思考与讨论

1. 谈谈构造社区文化品牌的重要性。
2. 谈谈体育、旅游、文化融合发展的必要性。
3. 列举推进体育、旅游、文化融合发展的因素。
4. 分析中国、美国社区文化发展的差异及原因。
5. 分析中国、美国体育旅游发展的差距及中国的发展举措。
6. 探讨体育旅游和社区文化品牌融合发展的路径有哪些?
7. 探讨体育、旅游、文化融合发展的核心与关键是什么?

第五章 体育赛事旅游、康养旅游和健康旅游——以日本为例

第一节　日本体育旅游

一、日本体育旅游定义与起源

“体育旅游是一种致力于构建人们通过体育进行空间流动的机制”，且它的目的是建立一个以体育为主要吸引力的旅游系统。然而，时至今日，体育和旅游在日本仍被视为相对独立且有显著差异的两个概念。尽管体育的重要性在学校体育教育和社区体育中已经得到凸显和认可，但体育赛事和体育设施还从未被当作“旅游资源”，并且公众对体育旅游的认知程度也非常低。

日本在传统意义上认为休闲活动包括了人类的空间流动和住宿，比如因为滑雪、登山、在海中游泳（海水浴）和徒步旅行而产生的空间流动和相关的住宿。但这些通常被认为是一个只有日本人才能享受到的小型的国内休闲市场，且从未真正达到体育旅游国际化水平。在欧洲和美国，体育旅游被认为具有抗经济衰退的能力，并被强调为快速发展的旅游领域，因此常被当成城市和当地社区的营销工具。实际上，通过旅游的视角考虑和分析，可以发现在全日本范围内的各个城市和地方社区都具有巨大的市场潜力。

2002 年时，旅游业开始被视为复兴日本经济的重要产业。在 2002 年通过的《经济和财政政策管理与体制改革的基本政策》（Basic Policies for Economic and Fiscal Policy Management and Structural Reform）中，有 6 项经济复兴战略被提出，它包括了一个复兴旅游产业的条款和一个延长日本工人假期的条款。这就促成了“亚洲门户概念”（the Asia Gateway Concept）（2007）的创建，《促进旅游国家的基本法案》（the Basic Act on Promotion of a Tourism Nation）（2007）和《体育基本法案》（the Basic Act of Sports）（2012）的颁布，以及日本旅游部（Japan Tourism Agency，JTA）（2008）和日本体育

部(Japan Sport Agency)(2015)的设立。旅游业终于在日本作为一种现代产业被人们所熟知。伴随着日本国内政策的转变,日本选择发展旅游业作为一个新的路线,在培养一个有价值的新兴产业的同时保持对日本基础产业和制造业的重视。

2008 年,日本旅游部通过了“新旅游创造和分配促进计划”进行开发新旅游的相关产品。在日本的旅游业中,新旅游是一个全新的概念,它包括了工业旅游、生态旅游、绿色旅游、健康旅游、长期滞留旅游目的地和文化旅游。然而,体育旅游依然没有被明确地包含在新旅游的概念之中,且正因为如此,体育旅游从未被当作独立的旅游形式。

到了 2010 年,形势开始转变,在促进旅游国家核心工作组(the Promotion of a Tourism Nation Headquarters Working Group)提出体育旅游概念的同时,体育旅游促进会议在同年 6 月召开。由此,体育旅游逐渐被当作新旅游的一部分而被人们所认知。《促进体育旅游基本法案》的设想在 2011 年 6 月被提出,后续的计划,如任命“旅游大使”、确立体育旅游巡视监督体制、明确人力资源发展计划、落实体育旅游发展目标都在进行。

二、日本体育旅游的发展历程

(一)日本体育旅游联盟

日本体育旅游联盟(Japan Sport Tourism Alliance, JSTA)成立于 2012 年 4 月,它旨在执行《促进体育旅游基本法案》,并在此基础上促进体育旅游的发展。JSTA 也是第一个从日本旅游部中脱离出来的社会团队组织,以下就是该组织所规定的 9 个项目:① 建立地区、社区和其他的区域能够从事体育旅游的国家层面的关系网;② 支持体育旅游区域平台的建设;③ 配合、支持、推荐邀请和主办国际体育竞赛;④ 以体育为载体,支持旅游相关产品的促销和创造;⑤ 改善体育环境,并且提出使游客在旅游目的地更容易参与体育活动的建议;⑥ 发展体育旅游相关人力资源,并且和大学以及其他机构合作主办培训活动;⑦ 收集日本体育信息,向国内外传播,并且主办讲座和相关活动;⑧ 研究体育旅游的发展,设立多种奖项和荣誉,并且支持相关活动;⑨ 与海外体育旅游组织交换信息,并到海外进行考察。

到 2018 年为止,JSTA 有以下提高体育旅游意识的 3 个支柱项目:JSTA 系列研讨会(每月一次的成员讨论会)、JSTA 系列会议(每年一次,每次半天,在东京举行的国际会议)、JSTA 全体会议(每年一次,每次两天,在当地城市举办)。除了这些核心项目之外,在 2014 年设立以主办研讨会为主要工作的研讨会规划委员会(Seminar Planning Commission)和以收集、传播日本体育竞赛信息并邀请体育营到日本为主要工作的 2020 年夏季奥林匹克运动会和残疾人奥林匹克运动会委员会(2020 Olympic and Paralympic Games Committee)也被设立,探讨体育旅游人力资源的人力资源开发部(Human Resource Development Section)也由 JSTA 建立。

截至 2018 年 9 月,JSTA 拥有 39 个公司法人会员,26 个公益性法人会员,16 个体育协会和体育管理团体,44 个政府机构包括了大量的区域体育委员会和百余名个体会员。JSTA 计划探寻并扩展相关利益者的市场战略,这个战略强调的是 B2B(Business-to-Business)关系的重要性,并且希望通过联系成员组织来增强其商业配对功能。2017 年,法国环法自行车赛埼玉标准赛由埼玉体育委员会成功举办,这个委员会是 JSTA 的一个公益性法人会员,该委员会接受了全日空航空公司的赞助,将标准赛作为全日空航空公司的官方活动,因此引起了社会的广泛关注。同时,JSTA 想要更进一步地与其他成员取得联系并寻求相互合作发展的机遇。例如,体育器材制造商和酒店,或者各种体育竞赛的全国组织,各体育赛事的主办权拥有者以及当地市政府就可以相互联系,以便满足和补充成员组织的不足之处。这被认为是对 JSTA 成员的有价值的服务。

(二)体育是一种旅游资源

2010 年 7 月,日本旅游局发布的体育旅游促进会议的临时报告中提到:在日本有许多运动,如职业棒球、职业篮球、职业足球、职业橄榄球、职业高尔夫、相扑、柔道等都被认为是观赏性运动项目,而其他的一些运动,如滑雪、登山、海水浴等利用不同自然环境的运动被视为参与性运动项目。此外,日本还有许多个体志愿者和组织都很支持这些活动和体育竞赛。总的来说,日本是亚洲体育较为先进的国家之一,日本的周边环境使其更加具备国际竞争优势。如果从体育旅游的视角来看待体育,日本的资源数量是令人震惊且充满潜力的。日本是一个多山的国家,但是除了登山和滑雪以外,在户外游憩方面并没有较为突出的增长点。日本的海拔变化很大,这曾经一度被认为是一种阻碍,而今却被认为是一个充满户外运动潜力的宝盒。户外游憩在最近几年逐渐受到人们的欢迎,木筏漂流、山间攀岩和自行车竞速都可以在山区进行,而这些运动项目可以在日本的许多地区和社区举办。

然而,由于日本的旅游目的地管理不善,这些旅游资源长期作为“隐蔽资产”被遗弃,直到最近,利用率仍旧低下。旅游目的地管理是通过对历史文化遗迹、地方特色产品、节庆活动和风景等战略性旅游资源的品牌建立,去对特定的区域或城市建立具有相对竞争性的旅游目的地的活动。日本政府的目标是在 2020 年入境游客的数量达到 4 000 万。在日本,南有美丽绝伦的珊瑚礁岛屿,北有与世隔绝的粉雪天堂,都是日本潜在的旅游目的地。例如,日本最北部北海道的宗谷岬到日本最南部的波照间岛之间的距离大致等于从美国西海岸的西雅图到南佛罗里达州的基韦斯特的纬度差。这意味着日本拥有一个能够同时享受冬季运动和夏季运动的地理环境，这是其他亚洲国家所没有的。

特别是全年都能进行丰富户外运动项目的北海道，该地外国游客数量逐渐增加，参观北海道的外国游客总数从 2011 年的 57 万人次增长到 2015 年的 208 万人次。细分这些统计数据，来自泰国的游客数量增长了 16 倍，来自澳大利亚的游客数量增长了 2.3 倍，这表明北海道已经成为深受外国游客欢迎的一个旅游目的地。东南亚人对北海道很感兴趣，是因为北海道的雪质优良，气候凉爽，风景秀丽，而且他们对户外运动有着浓厚的兴趣。澳大利亚游客对北海道的旅游兴趣贯穿全年，像二世古这样只有 5 000 人口的北海道小镇，已经建造了各种户外运动设施和体育相关产品。随着市政当局在北海道各地吸引游客所做的各种努力，到北海道旅游的外国游客数量正在稳步上升。

（三）体育旅游者的增长潜力

为了满足日益增长的亚洲其他国家居民赴日本旅游的需求，日本适度放宽了签证政策，这将是一个进一步促使日本旅游的游客数量增长的积极的系统性改革。例如，自 2010 年 7 月以来，日本向中国中等收入个人签证发放条件有所放宽，这促使中国游客访问日本的人数大幅增加。2012 年，日本对来自泰国、马来西亚和印度尼西亚的游客开启了短期多次入境签证，期限为 15 天，最长为 90 天（有效期为 3 年）。这为随后对来自越南和菲律宾的游客引入短期入境签证政策做了铺垫，对于来自印度尼西亚的多次入境签证的游客的逗留期延长到 30 天。2013 年，包括来自缅甸、老挝和柬埔寨的游客的多个短期入境签证被延长，因此，来自这 6 个国家的游客从 2012 年 6 月的 77.5 万增加到 2013 年的 110 万。这一年也是日本的外国游客总数首次超过 1 000 万。

和许多年前开始游览国外旅游目的地的日本游客一样，现在首次游览日本的亚洲游客中，许多都是以包价旅游组成的旅游团的形式参观名胜古迹。许多亚洲游客感兴趣的是购物、温泉和日本食物。不同于欧洲和美国的游客，亚洲游客对于那些与自己国家很相似的日本传统文化和历史名山不太感兴趣。因此，已经完成第一轮环日本游的外国游客未来将转向强调旅游交流和体验方面的“特殊兴趣旅游”（special interest tourism），这些特殊旅游主题包括生态旅游、医疗旅游和体育旅游。

（四）体育旅游相关产品的发展

旅游本质上是指将收集到的关于特定预定目的地的信息与旅行本身

的实际经验进行比较,以确认“前定和谐”(pre-established harmony)。它还具有“重复性”(recurrence)的特征,即从出发地空间流动到旅游目的地,然后返回出发地。因此,体育旅游相关产品开发将需要考虑区域和当地资源,并且必须有一个战略观点的目的地管理。同时,产品需要提供超出前定和谐期望价值。当参加体育活动或观看体育赛事的这些体验超出预期,并且远远超过前定和谐时,该旅游者就变成了依赖特定区域或社区的回头客。

体育旅游产品的开发过程和其他产品或者服务的开发过程相似,需要对当地资源(自然环境和体育设施)和管理资源(人力资源和财政资源)进行环境分析,并需要制订营销战略,如对目标市场进行分区以及决策和确定竞争者。此外,还需要一个完整的产品开发过程,包括获得相关想法、筛选和制定产品特性、通过实验并获得证据来测试可行性、贯彻实施。

(五)日本体育委员会发展

JSTA 作为日本体育旅游的实施机构,与日本旅游部合作、支持建立一个提供一站式服务组织的区域体育委员会(Regional Sports Commissions),以此来支持邀请和主办日本各地的体育营和活动。2011 年秋天成立的埼玉县体育委员会(Saitama Sports Commission)成功邀请并主办了“2014 年法国环法自行车赛埼玉标准赛”(2014 Le Tour de France Saitama Criterium);关西体育委员会(Sports Commission Kansai)也成功邀请并主办了“2021 年世界大师运动会”(2021 World Masters Games)。此外,日本在 2013 年成立了佐贺县体育委员会(Saga Prefecture Sports Commission)和新潟市文化体育委员会(Niigata City Culture and Sports Commission),预计还将成立冲绳体育委员会(Sports Commission Okinawa)、岐阜州体育委员会(Gifu Prefecture Sports Commission)和爱知体育委员会(Sports Commission Aichi)。

三、日本体育旅游的重要性

日本的出生率正在下降,社会老龄化正在进一步加深,在这样的国家,重新启用过去的高经济增长模式几乎是不可能的。因此,日本正在从一个成熟的经济体转变为一个逐渐衰退的经济体,需要一个新的公共管理模式。其中一项举措是日本的隐性资产可视化,以及通过商业思维和创造力将这些资产商品化。因此日本需要放弃以经济增长为基本条件的政策,利用其有限但宝贵的“隐性资产”(如丰富的自然环境、文化、安全、社会平等、当地社区之间的合作、互助体系和传统制造工艺),并转向基于社会模式的协作平台。日本确实拥有许多在全球市场中具有很高竞争力的隐性资产。这些资产的缩影是创造价值的行业,它是隐藏于制造业背后,并因此滞后于工业化进程。因此旅游业是这种最具发展潜力的产业之一。

总而言之,日本拥有丰富的自然资源,而且被认为是相对安全和有保障的国家。根据目的地有效管理,这一点很有可能进一步增加前往日本的外国游客人数。

第二节 体育旅游与体育赛事——以东京奥运会为例

一、体育赛事与体育赛事旅游

从前文提到体育旅游的发展历程及体育旅游的相关研究中可以看出,体育赛事贯穿其中,不断推进体育旅游的发展,作为体育元素重要的表现形式,体育赛事活动已成为体育旅游的重要载体之一。成熟的体育赛事集体育赛事组织、赛事策划和赛事管理、旅游观光、购物娱乐、经贸洽谈、科技文化、城市形象展示等多种活动于一体,往往能对举办城市和地区产生巨大影响,能够引起众多媒体和群众的广泛关注并产生巨大的社会、政治、经济、文化等多方面效益,越来越多的地区投入大量资金申办、运作体育赛事,而随着体育赛事的举办也刺激了旅游活动的增多,旅游发展所带来的诸多效益又进一步促进了体育赛事的发展。体育赛事旅游应运而生并作为体育旅游中极具特色和魅力的一类,在良好的经济环境和宽松的政策环境下,依托体育赛事,其发展态势已势不可挡。

体育赛事源起已久,国内外学者从不同角度对体育赛事进行诸多概念界定,国外一般将体育赛事划为事件(event)的范畴,还有学者称为"特殊事件(special event)",Getz认为"特殊事件"包括文化庆典、艺术活动、商业庆典、展览会、学术会议、体育赛事以及政治活动等,而体育赛事是其中特殊事件的重要组成部分。因此,体育赛事旅游也被称为"sports event tourism"。

田麦久教授从体育赛事的竞技本质出发,从运动竞赛的角度定义了体育赛事,他认为:"体育赛事是由运动竞赛发展而来,运动竞赛是在裁判员的主持下,运动员根据一定的规则进行的公平竞争。"这一定义被多数人接受。曹有培立足于项目管理的角度,认为:"体育赛事指的是由特定的组织团体,透过有计划地筹备、营造、管理,在特定时间、地点集合个人或团队,以达到预期目标和宗旨,并藉一项或以上的运动,遵循运动规则举行比赛,各种单项的运动比赛和综合性运动会皆涵盖其中。"秦椿林在《体育项目管理》中将体育赛事定义为:"体育赛事是对以体育比赛为核心的一系列活动的总称。传统意义上的体育比赛侧重于运动员在赛场上的竞技较量过程,而体育赛事是复杂的社会活动,它不仅涉及门票促销、运动员包装、媒体推广、赞助与广告策划、标志品开发等众多活动，还包括体育比赛的筹备、规划、实施、控制及收尾等各项活动。体育赛事是一种具有项目管理性的特殊事件，其规模和形式受规则、习俗和传统影响，具有组织文化背景和市场潜力、提供竞赛产品和相关服务、迎合不同参与体分享经历的需要，达到多种目的，对社会和文化、自然和环境、政治、旅游和经济各个领域产生冲击影响。”本书中的体育赛事含义与该定义较为契合。

对于体育赛事的分类，依据周期与主体交互主导原则将体育赛事分为周期性综合赛事、周期性单项赛事、联赛、临时性赛事、主体参与型赛事等五类。按赛事规模、水平与类别分类，可将体育赛事分类为超大型体育赛事、大型体育赛事和一般型体育赛事。黄海燕则进一步将大型体育赛事分为超大型体育赛事和标志性体育赛事。超大型体育赛事是举办地在一定时期内举办的一次性赛事，如奥运会、世界杯足球赛等国际性重大体育赛事。标志性体育赛事的特征体现在四个方面：它是在同一地点有规律地举办规模相对较大的比赛，但不经常发生，是举办地的重要标志，是举办地的重要名片。目前学界对体育赛事的概念界定仍是众说纷纭，可以发现国内外学者是根据规模、影响范围、举办地的不同对体育赛事进行概念界定的划分的。

随着体育赛事的发展，体育赛事旅游依托体育赛事为载体的形式也逐渐兴起，相关研究也逐步深入。成莎和缪园园提出体育赛事旅游属于体育旅游，是体育旅游的一部分。陈松则将体育赛事旅游视为事件进行概念界定，从事件—特殊事件—标志事件—重大事件—事件旅游—体育旅游—体育赛事旅游，由大到小、层层递进，体育赛事旅游以体育赛事为基础，游客离开常居地前往赛事目的地所进行的一系列旅游活动，这个过程包含体育赛事旅游本身和体育赛事举办地所整合的各类旅游产品。邵炎将体育赛事旅游定义为：“在体育赛事举办前、举办时、举办后，由于比赛活动所引发的赛事参与者在体育赛事举办地所产生的各类旅游活动，能为体育赛事举办地带来一定的经济收益与社会效益，体育赛事旅游是以旅游与体育旅游为基础的一种新颖的旅游形式，不同于传统的‘打卡式’旅游，具有以体育赛事为诱因所生成的，随着赛事的规模、性质、类型等特点变化而变化，活动性即不受固定的时间、地点所限制，旅游客源市场有着明确的定位（主要是赛事参与体验者与赛事观众）等特点。”曹秀珍将体育赛事旅游定义为：“以体育赛事为基础，拥有体育赛事、旅游所具有的共同性质，旅游者通过体育的方式达到身心愉悦的目的，体育赛事旅游属于事件旅游的范畴之内。”Hall 将体育赛事旅游定义为：“非商业原因旅游者去参加或观看体育赛事的离开居住地的旅行。”宋书楠将体育赛事旅游界定为：“旅游者到异地参与或观看比赛而引发的旅游活动。”

体育赛事旅游除了以体育赛事为吸引物的旅游活动外，还包含体育赛事配套活动、体育赛事文化和体育赛事设施等。在对体育赛事旅游概念的定义中，各学者从不同的研究视角都有不同的解释，并没有形成一个统一的科学定义，但可以发现学界大都认为体育赛事旅游是属于体育旅游范畴的，但体育赛事旅游活动受具体赛事内容影响，相比于其他的体育旅游活动有着明显的区别，虽然体育赛事旅游具有体育与旅游相结合的特性，但是体育赛事旅游的旅游者及旅游活动的内容等都具有鲜明的特征。

二、2020东京奥运会

奥运会是奥林匹克运动会的简称，每四年一届，是全球规模最大的综合性运动会，也是全球影响力最大的体育盛会。古代奥运会要追溯到两千多年前的古希腊，其特定的自然和历史文化背景孕育了奥林匹克运动，在当时创造了灿烂的体育文化，为后世留下了宝贵的体育文化遗产。现代奥林匹克运动的兴起仅百余年，1896年4月6日第1届现代奥运会在雅典举行，有来自4个国家的331名运动员参加。原定2020年举办的东京奥运会又称第32届夏季奥林匹克运动会。现代奥运会已走过了124年。

（一）申办背景及原因

举办奥运会于国家而言是一个国家综合实力的象征，对外可以树立国家形象，提高国家实力，打开国门向全世界展示特有文化魅力，增进与其他国家的交流；对内能拉动国家经济的增长，促进就业，强化国家的基础设施建设，使国民的民族凝聚力和爱国主义精神得到一次空前的提高，促进相关产业科技创新等。从政治、竞技、文化、科技、旅游等社会的方方面面来看，奥运会的举办都带来了突破性的发展变化，并将体育赛事对国家、社会发展的拉动力发挥到极致。

历史上，日本曾成功申办过三次奥运会，分别是1940年第12届奥运会、1964年第18届奥运会和2020年第32届奥运会，但它们却有不同命运。

1940年的东京奥运会原本不仅是第一次在亚洲举办的奥运会，更是第一次将举办地放在欧洲之外的奥运会，也是第一次试图打破种族与民族界限，弘扬19世纪末顾拜旦所宣传的奥林匹克精神，象征着国际奥组委首次认可亚洲国家拥有举办奥运会的能力。然而原定1940年9月21日~10月6日举行的奥运会却是一届没有真正举办的奥运会。以1937年7月7日卢沟桥事件为开端的中日战争持续多年，期间日本投入大量人力物力，最后由于一系列战争因素，1938年日本奥委会在军方压力下，宣布1940年日本为了纪念神武纪元2 600年，要在1940年举行大规模的军事演习而无法举行奥运会。至此，1940年东京奥运会成了第1届主办国政府因为战争原因主动弃办的奥运会。随后，国际奥委会决定将夏季奥运会会址改在赫尔辛基，但由于第二次世界大战爆发，加上苏联入侵芬兰引发苏芬战争，1940 年 1 月 1 日芬兰通知国际奥委会放弃主办权。随后，战火席卷欧洲和世界各地，第 12 届奥运会也就被迫取消了。

战争结束后，日本迅速恢复，经过两次申请后终于在 1958 年成功申办 1964 年奥运会。赛事吸引了 94 个国家和地区参与其中，参赛运动员达 5 140 人。日本为成功举办奥运会花费巨资，大力建造、修葺比赛场馆、装备设施和奥运村等，并强化道路交通建设。对奥运会的投资中很大一部分都用来完成新干线、高速公路、地铁等城市基础设施建设。第 18 届东京奥运会的成功举办让日本向世人展示了日本战后的工业复兴成就和向往民主、和平的新形象。同时奥运会的成功举办，大大提高了日本在国际社会中的地位，给正在复兴的日本经济注入了新的活力。在举办后的数年间，日本经济飞速增长，跻身世界发达国家之列，国际地位得到进一步提升。

成功举办奥运会的经验以及奥运会本身带来的巨大效益和机遇都成为日本继续申办 2020 奥运会的背景原因。近年间日本经济低迷，甚至出现负增长，2020 东京奥运会承载着日本对于经济再度腾飞的梦想。加上福岛核污水泄漏事故等因素，以及部分历史、政治等方面的因素，日本积极申办 2020 年奥运会都是有理可循的。同时日本重视体育事业的发展，早在 1961 年日本政府就颁布了《体育振兴法》，这是日本第一部体育法律，它在推动日本体育发展中发挥了巨大作用。2000 年日本政府又颁布了《体育振兴基本计划》，助力日本在 21 世纪初规划日本国内体育事业宏图，是一部具有战略意义的体育法规。此后依据日本法律先行的传统，在助力日本体育事业的发展上充分运用了法律的手段，颁布了《社会教育法》等多部与体育运动密切相关的法令，为体育运动的快速发展开辟了道路。政府机构方面，战后的日本于 1946 年 1 月重新成立了日本体育协会统管全国性的各单项组织和下属机构。在政府主管部门文部省的领导下，日本国内积极开展了各项体育活动，并相继成立了大学生体育联盟、高中体联、初中体联等组织。经过多年的磨合与演变逐渐形成完善的关系网络体系，为日本开展体育事业做出卓越贡献，并促进日本体育产业经济的发展及体育成绩的提升。20 世纪 60 年代，日本的群众性体育活动和竞技水平有所提高，如游泳、体操、女排、举重、柔道、摔跤等运动项目已跃居世界先进水平，在奥运会等大型国际比赛中摘金夺银。日本的竞技体育实力一直居于亚洲前列，亚洲的第一个奥运冠军就是日本人织田干雄，1928 年在荷兰阿姆斯特丹举行的第 9 届夏季奥林匹克运动会上他以 15.21 米的成绩夺得三级跳远金牌，成为现代奥运史上获得金牌的第 1 位亚洲运动员。在 1964 年的第 18 届东京奥运会上，日本更是获得金牌总数排名第3的最好成绩，进入三甲之列，实现了在竞技体育上突破性的跨越式发展。此后日本在体育的发展上注入更多心血，配合多部政策的发布与大量资金的投入鼓励体育事业的发展。

（二）申办过程

奥运会的申办需要依据严格的流程，首先国际奥委会将在奥运会举行前进行招标，有意向并符合标准的城市则在规定日期内向国际奥委会提出书面申请。2011年9月2日，国际奥委会确认有巴库（阿塞拜疆）、多哈（卡塔尔）、伊斯坦布尔（土耳其）、马德里（西班牙）、罗马（意大利）和东京（日本）6座城市向其提交了2020年第32届奥运会的申办申请。国际奥委会执委会对提出申办的城市进行初步筛选，对申办城市的奥运理念与赛事场馆及奥运村建设、办赛经验、环境与气候、交通住宿条件、政府和公众支持、资金与营销等多方面进行承办赛事可行性评分，并由国际奥委会评估委员会对申办城市进行实地考察。2013年9月7日，国际奥委会第125次全会在阿根廷布宜诺斯艾利斯举行2020年奥运会举办地投票，经过国际奥委会全会两轮投票，确定东京成为举办城市，并由国际奥委会与举办城市签约。东京将成为第一个承办两届夏季奥运会的亚洲城市。

（三）奥运会赛事筹备

日本在申奥成功后便开始有条不紊地推进奥运会的各项备战工作，并且为此发布了一系列的措施，成立了专门的体育管理机构，完善了奥运会备战行政体系，提出了一系列的奥运夺金计划，希望在东京奥运会上有所突破。

预算方面，国际奥委会、东京奥组委、东京都政府和日本政府于2016年12月21日召开了四方协商会议，会议上东京奥组委发表了2020年东京奥运会经费估算情况，总预算规模达1.6万亿至1.8万亿日元。预算内容主要包括场馆永久设施、临时配套设施、能源基础设施、科技基础设施、交通保障、安全保障、生活保障、宣传管理、市场营销等方面，并准备了约270亿日元预留经费应对可能发生的应急事件。此后预算内容几经修订，直至2019年12月20日第四版经费估算案发表，四个版本对设施经费、安全保障等项目支出进行微调，但总预算规模基本维持不变。

组织机构方面，在申奥成功后日本政府于2013年10月4日成立了“2020年东京奥林匹克运动会推进室”负责各项政府机关和各界相关部门的调动等工作。2014年1月27日，东京奥林匹克组织委员会成立，全面负责2020年东京奥运会的各种事项。全国各级政府各个部门通力合作筹备东京奥运会。

场馆方面，主要以日本现有场馆为基础，计划采用42个比赛场地，其中包含24个现有场馆、10个临时设施、8个永久性场馆。比赛场馆的分布主要在东京，部分项目也将在日本其他地区举办。各比赛场馆主要分为两块主区域，包括继承自1964年东京奥运会现有设施的“遗产区域”和象征城市未来的“东京湾区域”。该规划理念被称为“无限的可能性（Infinite Excitement）”，展示日本的原有的奥运文化，并展示日本多年发展的成果，寓意日本发展的无限可能性，寓意奥运前行的无限可能性。2020年东京奥运会的主场馆选择了曾作为1958年亚洲运动会及1964年夏季奥林匹克运动会主体育场的东京新国立竞技场。值得一提的是，在选择比赛场地时，将在2011年日本大地震中受灾严重的东北地区包括福岛县、宫城县、茨城县等地，以及曾承办1972年札幌冬季奥运会的北海道地区设置比赛场馆，作为本届奥运会的“复兴舞台”。旨在向世界宣传灾后复兴成果，并展示日本举办好2020年东京奥运会的实力与决心。

基础设施建设方面，由于1964年东京奥运会日本投入大量资金进行基础设施建设，大力发展交通运输业，积极改善交通网点，推动了交通运输业的飞跃发展。这些基础设施方面的投资，不仅在建设之初刺激了相关产业的发展，促进了经济的繁荣，而且作为一种长期投资，它在该基础设施后来的长期运营中仍能持续收到回报。2020年东京奥运会承袭了重视基础设施的传统，预算中投入超过8 000亿日元进行场馆永久设施、临时配套设施、能源基础设施、科技基础设施的建造，在场馆与基础设施的建设中不仅重视新修新建，设施设备的赛后使用也得到了较好的规划。

文化融合方面，日本为举办奥运会在奥运会的文化建设方面花费了大量人力、物力。首先，广受欢迎的动漫形象哆啦A梦将成为日本申办2020年东京奥运会的特殊大使。本届奥运会主题为“激情聚会（United by Emotion）”是希望向世界传达热爱和平，团结一心的美好愿望。本届奥运会的愿景主要包括三个核心概念：追求个人最佳、多元统一和传承未来。追求个人最佳中包括多个含义：希望通过日本的周全准备和贯彻执行，让每个运动员都能发挥出最佳表现取得佳绩；希望本届奥运会的赛事质量发挥到最佳；希望所有日本公民作为东道主都将尽最大努力欢迎来自世界各地的游客，以最大的热情款待四方来客。多元统一则是希望世界人民相互接纳，接受和尊重人们在国籍、种族、肤色、性别、语言、宗教等各个方面的差异，追求和平。同样也蕴含着想将奥运会打造成欢迎各方来客的赛事，并向全世界的人普及多元统一的观念。传承未来则是期望奥运会对外展示日本的新形象，能让世界认识新的日本，在提高日本人民对外意识的同时促进了日本经济的快速增长。让奥运会推动日本作为一个成熟的经济体更好地在世界范围内扩大影响力，并为后代留下积极影响。奥运会会徽选用“东京（Tokyo）”

“团队合作(Team)”“美好明天(Tomorrow)”三个单词的首字母T,并融合表示“多样性融合”的方格图纹和代表心脏跃动的红色圆形图案生成,三种形状不同的四角设计代表不同国家的文化和思想,传递了“多样性融合”的信息,也体现了奥运会和残奥会推崇多样性以促进世界联结的理念。奥运会的奖牌设计也向世界展示了日本文化的魅力,为制作奖牌,东京奥组委开展向日本全社会收集废旧手机等小型电子设备的活动,利用回收的电子设备提炼再生金属制作成奖牌,展示了日本发达的电子产业和领先的科技水平。此项目是奥运会和残奥会史上首次通过废物回收的方式让市民参与奖牌制作过程,让日本全民参与其中,意义非凡,同时响应了奥运会呼吁的节约能源以及倡导的可持续发展。除此之外,奥运会的门票、图标、主场馆、艺术海报等都融合了日本独特的本土文化并将和平、团结等美好愿景融于其中,充分激励日本民众参与其中,深化全民参与奥运。

可持续发展建设方面,筹备奥运会时,东京奥组委致力于为实现可持续发展目标做出贡献,为确保奥运会可持续发展理念在未来的奥运会中得以延续,奥组委在全日本和世界范围内开展了多个可持续发展活动。首先向全国各地的消费者收集可循环再生的金属制作金、银、铜牌,使用家用塑料废弃物制作领奖台。为减少航空运输中的二氧化碳排放,部分航空公司提供碳排放补偿计划。在为现场观赛观众准备的关于可持续发展需要注意的事项中明确宣扬垃圾分类,鼓励使用公共交通,住宿期间节约能源,减少食物浪费等诸多事项。2020年东京奥运会与残奥会就可持续发展设定了五大主题,2020年东京奥组委将与东京都政府、日本政府以及其他交付伙伴合作,共同致力于奥运会的筹备和举办。此外,2020年东京奥组委还制定了《2020东京奥组委可持续采购条例》,用于确保2020年东京奥组委采购产品、服务以及许可产品供应链的可持续性,并定下“气候变化”“资源管理”“自然环境和生物多样性”“人权”“劳工和公平商业惯例”“参与、合作和沟通(投入)”的可持续发展六大主题。积极采取多种措施促进可持续发展,并融入日本的教育之中,动员学生学习相关知识并付诸实践。

遗产保护方面,契合东京奥运会“多元统一”和“传承未来”的奥运会愿景。为了让更多人参与到奥运会之中,也为让奥运会的积极效应恒远持久地发挥。2016年,奥组委制定了“行动和遗产计划”,其首要目标是让尽可能多的人参与奥运会(行动),并将2020年东京奥运会的积极效应(遗产)传递给下一代。奥组委认为2020年东京奥运会不仅仅是2020年在东京举行的一场运动赛事。奥运会是否能在运动以外的领域给日本和全世界留下积极的遗产,这也是决定奥运会是否成功的因素之一。为了推广能带来积极且持续性影响的行动,2020年东京奥组委和其他相关方紧密合作,并从“运动和健康”“城市规划和可持续发展”“文化和教育”“竞技和科技”和“灾区振兴、全国性利益和全球交流”五个方面采取了一系列的行动。为鼓励更多人积极参与,东京奥组委设立2020年东京奥运会全民参与项目,这些项目又分为官方项目和支持项目,其中官方项目由各政府机关、各赛事场馆、官方市场推广伙伴、日本奥林匹克委员会、日本残疾人奥林匹克委员会、赛事举办地区政府以及持权转播商实施。支持项目由其他行政区域和非营利性组织实施。目前,奥组委已认证多种与奥运会相关的活动和提案,允许这些活动主办方使用奥运会的标志,营造奥运会氛围,打造奥运会遗产。

(四)体育赛事旅游筹备

日本的旅游业发达,旅游资源众多,且旅游形象好。这不仅得益于日本得天独厚的地理位置,拥有良好的自然环境和气候条件,也依靠发达的经济,丰厚的教育资源,独特的文化内涵,优良的医疗条件,先进的科学技术。政府的良好规划和民众多年的努力经营使得日本的旅游已相当成熟,旅游资源丰富,配套设施完备,服务水平高,承载能力强,旅游业的发达又给日本带来丰厚的回报。2020年东京奥运会将以其强大的赛事魅力,进一步带动日本的旅游业发展。

交通方面,日本国土面积小,但交通却并不拥堵。日本重视国内道路交通的规划与建设,城市居民出行主要以公共交通为主,日本城市轨道交通系统非常发达,轨道交通车辆充足,乘坐环境舒适且经济环保,降低了人们驾驶私家车出门的需求。面对即将暴增的交通需求,奥组委在奥运会经费预算时计划投入超700亿日元进行交通保障。日本不仅加强基础交通道路建设,更为游客提供便捷的地图引导服务,设计多条旅游精品路线,提供详细的交通指导,联合多家航空公司提前售卖机票。日本为凸显人性化关怀,自2006年颁布的《新无障碍法案》以来,政府积极推动建筑和交通方面的无障碍设施建设,制定《通用化设计·2020行动计划》,使出行更加轻松、快乐。

住宿方面,日本旅游业的发达离不开酒店业的支撑,日本有众多世界知名的酒店集团,从高价酒店、商务旅馆、民宿、短租公寓到更便宜的胶囊旅馆、青年旅社甚至网吧在日本一应俱全,能够满足游客的各种旅游需求。奥运村建设于东京中央区晴海路段,奥运会期间将迎来1.8万名运动员及相关工作人员入住,残奥会期间将迎来约8 000名相关人员入住。奥运会结束后将成为普通居民生活住宅。针对游客,早在2018年3月,日本政府决定将在2020年东京奥运会和残奥会期间,将大型邮轮作为酒店使用。日本政府将把东京、千叶、神奈川三地的5处码头作为“轮船酒店”的停泊港口。将客船作为酒店使用时,原则上需要办理日本《旅馆业法》规定的营业执照,充分考虑到了奥运会期间,大量游客涌入而产生的住宿问题。

此外，奥组委精心制作《东京 2020 奥运会综合指南》，重点介绍日本的旅游资源与食、住、行、游、购、娱等方面的资源，提供奥运会场馆附近的交通指示、旅游指南等，并将旅游过程中可能遇到的问题进行注释，链接到日本国家旅游局官方网站，对日本地理、人口、语言、气候、时差等概况进行描述与介绍，提供出入境的签证护照、关税、检疫相关知识，以及外币兑换、旅行支票等相关服务，提供医疗服务、遗失物品、综合医院等应急电话，以及导游服务链接等，并提供详细外出旅行途中可能需要的信息。奥组委设计奥运创意之旅，对日本的特色美食、车站文化、艺术漫展等都在官网上有诸多附带视频图片的文章介绍。

（五）疫情对体育旅游发展规划的影响

2020 年伊始，新型冠状病毒肺炎（COVID－19）疫情在全球迅速蔓延，疫情为各行各业带来不小的挑战。体育活动和旅游活动都会在短时间内有大量的人群集聚，因疫情防控的需求，国际范围内大量旅游业务被取消，大量体育赛事停办或延期。2020 年东京奥运会作为规模最大的群众性体育盛会能否如期举办，如何保障参赛人员、工作人员、观众的安全成为热门探讨话题。直至 2020 年 3 月中旬，东京奥组委仍发布声明奥运会将如期举行。而后考虑安全等原因，加拿大、澳大利亚、挪威等国家纷纷表示将不会参加东京奥运会。2020 年 3 月 22 日，国际奥委会执委会发布声明，表示将在未来四周内完成对疫情的评估，并完成对东京奥运会举办方案的详细讨论，推迟举办是备选方案之一，但取消东京奥运会不在议程之上。就在 3 月的最后一天，国际奥委会、东京奥组委、日本政府联合宣布，2020 年东京奥运会于 2021 年 7 月 23 日至 8 月 8 日举行。

2020 年东京奥运会的延期，将产生一系列的连锁反应。首先势必将带来巨大的经济损失。第一，赛事相关已投入的成本回收周期被拉长。东京奥运会及其相关的累计投入成本已达到 200 亿美元以上，举办城市也将承担更大的财务压力。原本东京奥运会本预计为日本社会经济创造更多价值，诸如赛事的转播费用、赞助费用，以及赛事带来的全世界各地的游客，刺激旅游业发展产生的经济效益等都将重新规划，此前所投入建设的资金也难以回收。依托赛事本身产生的门票、餐饮、周边产品等多方面的收入也将暂缓。第二，赛事举办成本增加产生更多费用。赛事延期将对参与赛事运动员、观众、相关工作人员产生重大影响，运动员不得不重新规划训练内容，增加训练成本。赛事的举办涉及大量国际体育组织、举办地政府、其他各类市场主体之间的沟通与协议签署。东京奥运会共有 33 个运动大项，每一项都牵涉一个国际单项体育联合会。原定这些大项共将在 42 个比赛场馆中举行 339 个小项的竞赛。赛事延期后，将重新敲定，势必增加会议举办成本。

运动场馆和相关设施设备以及奥运村将需要在奥运会延期的一年中进行保养与维护，为奥运会召开时提供科技、交通、经济、物流服务和餐饮供应的合作伙伴及赞助商需要承担一定经济损失，并重新规划相关事宜。原定的东京奥运会注册转播人员和媒体记者共有约 25 000 人，且将在奥林匹克频道以及 26 家持权转播商（奥运会开始后或许还将有约 300 家再授权转播商）实施全世界同时直播。奥运会的延期，转播商不得不调整数年前就定下的转播计划，并与各自的广告商商议，重新调整转播方案，并对奥运期间雇佣的人员或租赁设备器材进行调整。由 15 万名职员、志愿者和临时工作人员组成的奥运会工作团队，或许面临重新组建的危机。而对观众而言更是影响深远，已经有数百万人购买了东京奥运会的门票，对于其中一部分人来说，这可能是毕生第一次的观赛体验。有一部分观众借此机会也已安排好了旅行或是其他活动。目前，日本国内已经售出 448 万张门票，世界其他地区的门票发售也已由授权票务销售商展开。尽管东京奥组委在尽力保证已经购买的门票在延期之后仍旧有效，但有些已经购票的观众无法在新的东京奥运会比赛时间前往现场观赛。由延期导致的退款和票务的重新销售为整个东京奥运会的运行增添了挑战。

其次，赛事延期也为赛事的重启增添了风险。截至 2020 年底，疫情仍然不容乐观，其控制情况暂无定论，且赛事重启情况将受到各国疫情控制情况、不同国家政策支持、各职业联赛配合等多方面因素的影响，赛事重启的不确定因素增加，举办的风险增加。同时疫情原因导致多个国际性赛事延期或取消，即便疫情得到控制，疫情结束后将有大量赛事重启，2020 年东京奥运会将与其他众多赛事在同一时间争抢公共资源，影响奥运会重启后产生的效益。疫情期间场地施工停滞，其他系列筹备工作暂缓，复工后面临的诸多问题无形中增加赛事重启的风险。

目前，全球的旅游业务基本处于暂停状态，而以体育赛事为依托的体育赛事旅游也同样面临巨大困境。赛事延期导致前期围绕赛事展开的酒店建设和预定，机票预售，赛事周边产品的生产和售卖，赛事旅游精品路线设计等都将根据赛事时间而延期。不仅前期投入的成本回收周期拉长，部分投入的资金无法回笼，且将在赛事延期的一年时间中增添维护成本，带来巨大经济损失。赛事重启后，其赛事质量、吸引力等无法估量，为体育赛事旅游的发展带来风险。赛事延期期间，游客可能已经制定其他旅行计划，客流量的变动等不确定因素增加，也让体育赛事旅游举步维艰。

三、东京奥运会案例对我国体育旅游发展的借鉴

尽管东京奥运会由于不可抗力原因已经延期，但日本经济实力强劲，具有多次举办大型体育赛事的经验，旅游业发达，以 2020 年东京奥运会为

依托为促进体育旅游的发展做了诸多努力，对促进我国的体育旅游的发展极具借鉴意义。

（一）重视体育赛事举办质量及影响力，吸引游客并获得口碑

体育赛事旅游与体育赛事本身关联度极高，体育赛事的知名度、影响力、赛事质量、形象等对体育赛事旅游的发展影响极大，发展体育赛事旅游要重视体育赛事的举办质量，将游客吸引到目的地，树立良好的赛事形象，加强赛事的宣传工作。2020年东京奥运会作为世界瞩目的大型体育赛事自带流量，吸引世界范围内的体育爱好者。日本政府投入数万亿筹备奥运会，奥组委为成功举办赛事制定奥运会日程，招募数以万计的工作团队、志愿者，耗费巨资修建场馆，各国投入大量人力物力财力备战。全世界人民共同为之奋斗才能将一届奥运会成功举办，而赛事的质量不仅在于竞技内容的精彩程度、赛事的完成情况等，还在于观众、游客的真实感受。赛事对游客的吸引力是巨大的，将游客吸引至此并刺激体育旅游的发展，既融合了体育活动本身的魅力又有游客对旅游活动切实所需的推动。因此发展体育旅游要注重体育赛事等体育活动的质量，吸引游客纷至沓来。

（二）重点建设旅游相关设施，扩充旅游承载力

将游客吸引到旅游目的地后，还需重视游客体验，影响游客体验的不仅有体育活动赛事相关环节，还有旅游六大要素：食、住、行、游、购、娱。东京奥组委在做预算时就留出大量资金进行交通保障，用邮轮酒店扩充住宿承载的能力；制作《2020年东京奥运及残奥会餐饮基本策略》并充分宣传日本的本土美食；提供机票、酒店预售服务；提供《2020年东京奥运会及残奥会交通指南》，将奥运会期间公共交通服务时间延长，并展示如何抵达场馆的交通详情，提供停车位预约服务和无障碍的走道等；链接日本国家旅游局官网，提供签证、货币兑换、导游服务、医疗服务等相关知识；设计奥运会期间出行攻略充分考虑奥运会期间举办地的旅游承载力及游客在出游期间的各种所需。发展体育旅游不仅需要围绕赛事展开活动，还需要综合考虑观众、游客的各种真实所需，保证游客体验。

（三）突出体育旅游的特色，融合多元文化的魅力

发展体育旅游要将体育与旅游的特点相融合，充分考虑体育旅游与其他旅游形式的不同之处以及体育旅游者的特色所在，提供的产品与服务结合赛事特点和本土文化特色。2020年东京奥组委设计会徽、选定主题、表达核心愿景，以及向全体日本公民收集电子设备用以制作奖牌活动等系列措施，都将日本的本土文化特色融入其中，并充分考虑文化多样性，呼吁大家

尊重与包容国际、种族、年龄、性别等差异，可持续性地举办系列活动。不仅提升大众的赛事参与度，凸显日本文化特色，更加深了2020年东京奥运会的文化寓意，形成本届奥运会独有的文化特色。其文化魅力不仅将赛事内涵进一步提升，还广受游客的喜爱。发展体育旅游要注重表达体育旅游的特色，深化多样文化带来的无穷魅力。

（四）做好赛事风险评估，加强突发危机事件对体育赛事的研究

尽管奥组委在进行经费预算时已预留出部分资金应对可能发生的应急事态，但一场突如其来的疫情使得2020年东京奥运会延期举行，在很大程度上也影响了体育赛事旅游的发展。发展体育旅游对活动进行风险评估，做好预案极为重要。而目前国内外的研究中，突发危机事件对体育赛事、体育旅游发展影响的研究相对较少，以至于当危机事件来临时有些束手无策，可以以此次疫情为契机对其进行研究，究其原因并提出可行性建议，对后续体育旅游的发展提供参考借鉴。

（五）加强各主体的友好沟通与合作，扩展体育旅游的效益

赛事的举办涉及大量国际体育组织、举办地政府、其他各类市场主体，需要通力合作，进行良好的沟通并签署协议。体育旅游的发展也需要与多主体进行合作协商，优化各国或地区之间的签证政策，建立友好的往来关系，突破体育业和旅游业的壁垒，与其他产业合作交流融合出更多创新产品，扩展体育旅游的效益。

（六）重视相关遗产保护，延长体育活动效益

尽管2020年东京奥运会尚未举办，但奥组委早在2016年就制定了《行动和遗产计划》，不仅让更多人参与到奥运会之中来，更想将奥运会的积极效益传递给下一代。在奥运会开始前就盘点了奥运会的遗产并形成报告，《行动与遗产计划》从“运动和健康”“城市规划和可持续发展”“文化和教育”“经济与科技”“灾区振兴、全国性利益和全球交流”五个方面展开多项活动。这不仅让奥运会在当代发挥出更大的效益，更让奥运会的余温在日本，乃至全世界范围内恒远持久的发挥作用，将举办2020年东京奥运会的作用和意义发挥到极致。从发展体育旅游的角度来看，《行动和遗产计划》中还包括了奥运会文化的遗留与保存，奥运会场馆的可持续利用等。不仅能促进奥运会期间体育旅游的良好发展，赛后依然能够进行怀旧式体育旅游活动，如参观博物馆等活动，将刺激新的体育旅游发展点。

第三节 日本康养旅游的世界品牌

一、康养旅游定义

康养旅游(也可以称作养生旅游)是在旅行目的地,通过水疗(Spa)、瑜伽、冥想、健身、健康的食物、放松等,使身心保持健康、能实现更加美丽与辉煌人生的旅行。根据全球健康峰会(2013 年)的报告表明,全球近一半(47%)的康养旅游是水疗旅游。其实康养旅游包含范围很广,提供了多种服务项目,包括美食、运动、保养、温泉、水疗、娱乐和文化活动,涉及补充和替代疗法、西方医学。据研究表明,康养旅游由具有较强的医疗性质的旅行,包括了增进健康、放松、饮食(养生法)、运动、美容等内容。根据对健康养生的各种解释为基础来构建,康养旅游所涉及的范围自然地变得更广泛。本节将对康养旅游的起源以及日本特色的康养旅游进行阐述。

二、以水疗、温泉、朝圣之旅起源的康养旅游

康养旅游大部分是水疗旅游,因此国际上会经常将二者看作是同义语,这和康养旅游的起源有关系。公元前古罗马的战士打仗受伤或者得了病,为了更好地治愈他们,就产生了水疗治愈法,就有了去郊区公共澡堂的旅行。进入中世纪,随着温泉的医学效果被肯定,贵族们便纷纷去高级疗养观光地度假。

在日本,温泉疗养旅行也就是本节的康养旅游的起源记载于《古事记》《日本书记》中,是以贵族为中心,通过温泉浴治疗贵族的疾病或进行疗养。在江户时代,它不仅转化为“温泉浴+祈祷+朝圣+景点”的旅行,而且还从贵族扩展到了百姓。

养生是一种寻求灵魂治愈的生活方式,因此神圣之地的“朝圣”也被认为是康养旅游的起源。朝圣是一种在世界各地的宗教行为,接近神圣的事物,获得灵魂的治愈。在交通不发达的古代,朝圣者用多年的时间来完成朝圣旅程,有时伴随着失去生命的危险,因此朝圣旅程被纳入朝圣者人生的一部分。基督教朝圣三大圣地是梵蒂冈、耶路撒冷、圣地亚哥,伊斯兰教朝圣圣地是麦加,印度教朝圣圣地是恒河、喜马拉雅山。在日本,也有去往神社和神圣地的旅程,如伊势神社、出云大社、熊野三山、四国八十八所。置身于雄壮的大自然,人类的历史中有特别意义的地域,身心得到治愈。度过直面内心的自我时间,也是实现“原点回归”和“顿悟”的契机,这将是一个重要时刻,是一段直面过去、现在和规划未来生活方式

的旅程。而现代的康养旅游是融合古法与新法，应时代需求登场的最新积极养生法之一。图 5.1 梳理了康养旅游发展的历史和各时期的特征与重点。

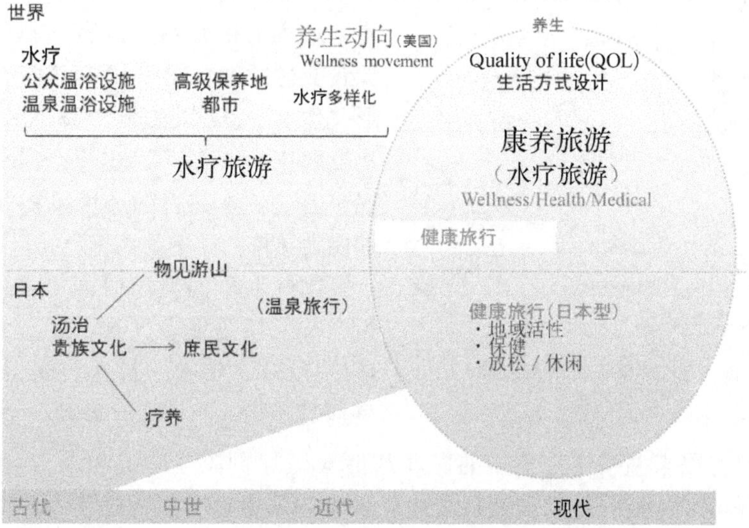

图 5.1 康养旅游历史及特征

三、日式康养旅游

康养产业是实现健康的朝阳产业，狭义包含保健产业，广义上包含生活方式产业。这个时代的每个人都希望变得更加美丽，生活充实丰富。随着这种需求的增长，康养旅游产业也会显著增长。根据美国迈阿密的全球健康研究所的调查，2015 年全球有 6.9 亿人参加了康养旅游，带来的收入占全世界旅行收入的 15.6%，与一般旅游客的旅游支出相比高出 159%，经济波及效果是 1.5 兆美元，雇用效果相当于 3 280 万人。

康养旅游是基于多行业专业人才的联合以实现顾客满足感的高附加价值型旅游方式，也是最具成长潜力的旅游形态，日本政府应当给予政策支持。随着从“量”时代到“个”“质”时代的转换，康养旅游的发展是时代潮流。因此重中之重是发挥日本与其他国家不同的养生特色。

根据 WHO 在 2015 年的统计，日本以平均寿命 83.7 岁列世界第一长寿国，并且自统计开始以来 20 年稳居世界第一。“日本长寿”已经像是个品牌在世界传播。放眼全球的康养市场，日本有很大市场竞争优势。

（一）日本传统文化，健康长寿知识的融合

奇瓦颂位于泰国皇室避暑度假胜地——华欣，意思是安宁隐藏的家。

奇瓦颂多次获得世界最佳水疗胜地等多项大奖，是前几位受欢迎的养生度假地之一。

观光地吸引游客的四个条件是气候、自然、食、文化（图5.2）。日本地处温带，气候适宜、四季分明，四周有大海环绕、岛屿多样，约28 000个温泉资源，拥有地域固有的食材。代表日本的传统饮食文化的和食在2013年入选世界无形文化遗产，日本料理（WASHOKU）、食物发酵技术（HAKKO）也饱受海外厨师们赞誉。日本独特的环境具备了以上的四大条件。

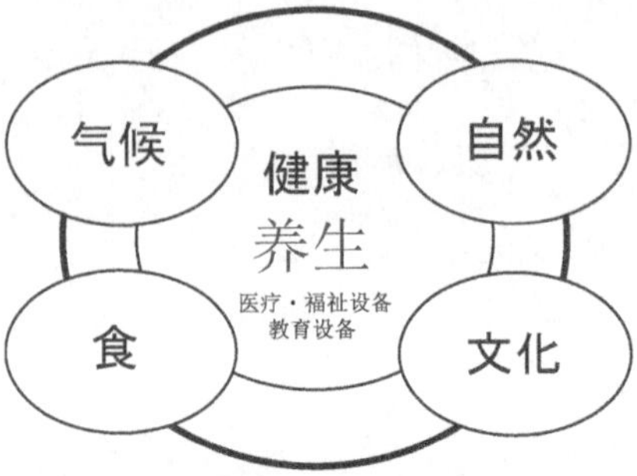

图5.2 观光地吸引游客的四个条件

国际上称温泉为“Hot Spring”，或是“Spa”，日语发音“ONSEN”。据日本环境厅2015年度的数据表明，日本温泉地数3 155所，是世界第一温泉大国。自古以来温泉作为重要的保养与健康医疗资源被广泛利用，和国际水疗市场可以抗衡的是日本温泉文化。日本的温泉医学研究处于世界领先水平，日本温泉效果显著，如果融入与温泉相关的元素一定会成为日本康养旅游的主干力量。

（二）养生资源之海

日本是一个四面环海的国家，其水域和专属海域的面积位居世界第6位，从单位陆地面积平均拥有的海岸线长度来看，日本实际上是世界第三大海洋国家。从人类文明的黎明时期开始，长期的经验积累证明，海洋会对人体产生积极的影响，医学鼻祖希波克拉底也曾运用海洋资源进行过实际治疗。在日本，最早在江户时代的文献中可以看到将治疗疾病的海水浴称为“Shiotouji”的记载。

现代海洋在健康方面的疗法被称为海洋疗法，其定义是通过运用海与海洋性气候、海藻和海泥等海洋孕育物，产生对心身起到综合作用的治疗，进而促进健康的方法。在法国，一部分水疗被纳入国家保险之中。截至2015年，日本有23家配备海水浴设施的酒店，但是在世界上甚至在日本国内也没有被广泛知晓。日本在与海洋共生的历史长河中孕育出的经验和智慧以及与海洋相关的众多故事，是日本发展水疗的优势，在此基础上，需要提高对海洋这个新“养生资源”的智慧与品味，不是一味地去模仿海水疗法的发源地欧洲，而是应当融入日本大和文化和“Shiotouji”的历史来发展独特的日式海洋疗法。

（三）康养三部曲战略

日本应将“观光立国”作为战略目标，如果日本无法成为观光客人生的目的地，无法成为人们期待多次旅行的国家，没有把“养生资源”作为观光资源进一步发掘潜力的话，资源就只是资源。

为了让日本的康养旅游进入世界市场并赢得卓越的竞争力，有必要建立一个强大的品牌。以冲绳县在推进健康食品产业为例，冲绳县产的机能性食品富有营养价值及不容易被模仿的特点。因此为了提高其竞争力，确立冲绳县品牌，县政府提出了三部曲战略，也就是包括“安全・安心价值”“机能价值”和仅冲绳有的“情绪价值”（图 5.3）。日本康养旅游也可以参考三部曲战略，设施・原料的卫生管理、技术水准高等日本优势（安全・安心价值），素材・商材等（机能价值），素材的由来、提供者融入的感情、故事情节等（情绪价值），以此三点为基盘，利用日本独特的素材和长寿的经验，期望世界级康养目的地能在日本各地诞生。

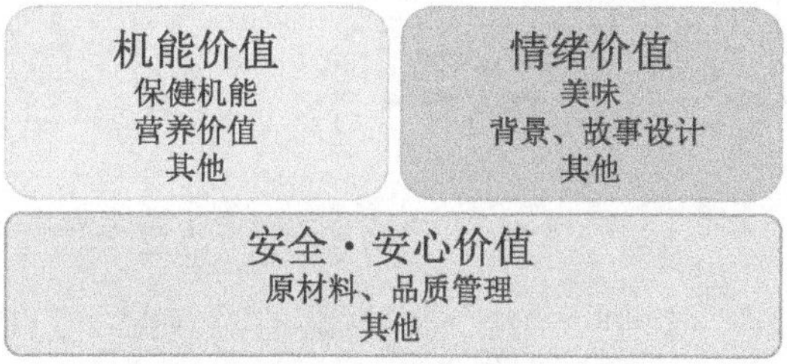

图 5.3　机能性食品的三部曲战略

（四）提供原点回归之场

与长寿相关的康养资源也可以解决现代社会存在的问题。近年来，新陈代谢症候群问题及员工心理健康问题，正成为公司的一个亟待解决的问题。笔者等（与 East Hometown Okinawa 公司合作）开发了关于促进心理健康和提高企业员工工作效率的康养旅行项目。

从冲绳地区的精神风土与传统文化中巧妙捕捉“养生资源”，通过接触当地的人和当地的资源，使身心得到放松，重新分析自我，重新考虑自己周围环境、人际关系。目前，正在开发以冲绳旅行为契机重新审视自我的“原点回归项目”。在康养目的地不仅可以得到身体和心灵的治疗，更重要的是成为人们一瞬间可以重新观察自我的地方，提供回归原点的价值。在高度信息化社会，人们紧张忙碌，竞争激烈，日本康养旅游承担着调动日本资源、发挥日本人固有的养生生活方式、回归原点的使命。

（五）养生第三场所之旅

美国的社会学者雷·奥登伯格（Ray Oldenburg）提出，对于现代人，除了自己家（第一场所）、职场和学校（第二场所），第三场所也必不可少。工作场所充满着紧张的氛围，很难达到内心的平静，本来应该让人感到舒服的家也变得不那么舒适了。第三场所是舒适的、身心放松的，既有治愈力又是充满适当刺激、能自我开发的场所。人们生活在充满压力的高度信息化社会，需要重置日常生活的时间，重新找回自我的场所。第三场所的理念是在人们熟悉的生活区域寻求自己的第三场所。笔者提倡养生第三场所（图 5.4），把自己置于远离生活区的地方，这个场所不是非日常的，而是作为“日常生活的延伸”，使身心得到治愈，有新的发现、新刺激感，自我开发，换言之是能使人生充实可以实现养生的场所。

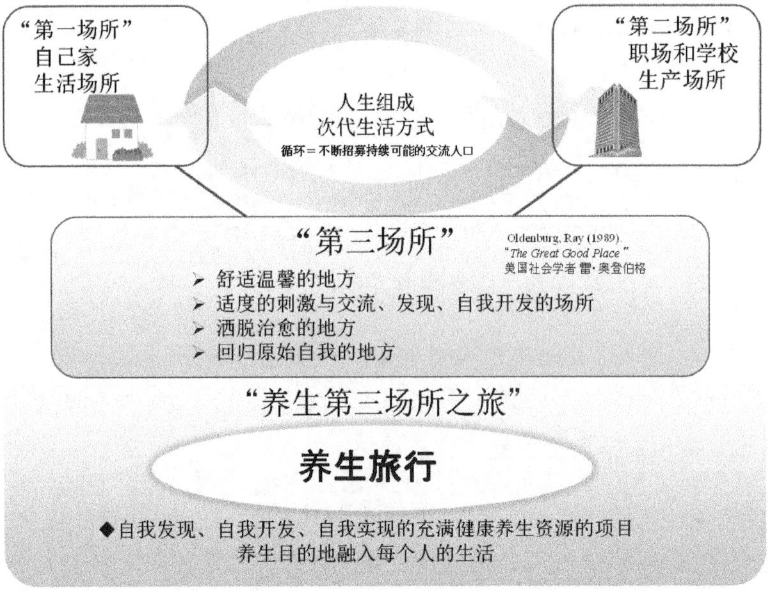

图 5.4　养生第三场所之旅

（六）康养旅游是生活方式的旅行

回归自我、多次返回是康养旅游的最终目的。从观光学概念中的“非日常”转换到“日常生活的延伸”。健康是日常，康养旅游如身心的体检。在匆忙的日子里有暂时的停歇，过滤掉渗透内心的疲惫，才能再次回到工作状态。它不再仅仅是一个观光景点，更是回归自我、多次返回的重要场所。第三场所能够达到与人们的生活保持密切联系并提供融入生活的价值，这是打造第三场所的一个重要目标。

日本康养旅游是可以向世界传达的观光旅程，是温泉、海、固有的食物、文化、健康长寿的智慧等相互融合组成的养生项目，是身心平衡的调整、丰富人生的装饰之旅。新的发现与自我开发、停下脚步重新审视自己、还原自我之旅。康养旅游是一种生活方式，是回味无穷的旅程。

一方面，以生活方式为导向，享受大都市的便利好处同时，也在日常生活方式中时常保持健康思维。另一方面，过滤掉渗透内心的疲惫，完全放松地远离日常场所，积极地休息，实现更有动力工作。旅行的本质是保养与治愈心灵，具有亲和力。康养旅游是现代人所必要的，享受养生项目是以健康为基础通过旅行全面设计生活方式的有效方法之一。旅行者被日本美丽的景色与健康的资源所治愈，研究者在旅行者的反馈中进而再次发现养生价值。希望这个新的养生之旅将带动日本国民健康，引领日本走向养生时代。

第四节　日本健康旅游的典型模式

日本超高老龄化社会的现状和消费者行为的变化使得人们的健康意识开始增强，而健康意识的增强对旅游业产生了巨大影响。人们的旅游需求呈现出从传统的“游山玩水”变成追求“旅游体验”和“健康价值”的趋势。除了对健康有需求的老年人是旅游主力军外，具有高度健康意识的外国游客、拥有员工健康管理的企业等市场对旅游的需求也在不断增长。而在供给方面，以区域创新为契机，不断落实各种健康旅游措施，不断推广各种服务项目，进一步促进了重视健康的服务群体的急速增长，这样的旅游产业被称为“健康旅游”。日本政府将其归于“区域医疗保健事业”类别下，预计在2025年，健康旅游业的规模会达到32 000亿日元，这相当于日本国内医疗保健产业的近10%。

一、健康旅游的历史与定义

日本健康旅游振兴协会将健康旅游定义为：健康的、没有生病的人，包括老年人、成年人、儿童等所有人，遵循科学的健康理念（evidence based health，EBH），以旅游为手段促进健康、保持健康、恢复健康和预防疾病。从旅游学角度来讲，健康旅游也被称为健康观光、健康旅行、保健旅游等。

WHO将健康定义为：不仅是指没有疾病或衰弱，而且指生理、心理与社会功能的良好状态。根据其对于健康定义的内涵，也被应用于旅游领域。具体而言，健康旅游可以理解为在旅游目的地进行散步等运动，摄取当地的健康食品或低卡路里的食物,体验温泉和水疗等体育旅游的形式。1973 年,国际官方旅游组织联盟(International Union of Official Travel Organizations,IUOTO)最早在其报告书中使用了“健康旅游”一词。在报告书中健康旅游设施被解释为利用自然资源特别是温泉和气候的保健设施。

日本学者高桥、筱原、大津指出健康旅游不是仅以促进旅行期间的健康为目的,而是需要综合全面地考虑旅行前后的健康。健康旅游是利用非日常空间来培养日常生活中的健康行为意识,并在旅行之后日常生活中再现健康行为(图 5.5)。同时他们指出健康旅游不是追求旅游的短暂效果,而是着重强调对游客生活方式(生活行为)的转变。

图 5.5　健康旅游应该考虑的活动范围

从日本学者的观点去分析,体育旅游也是相同的目的。也就是说,他们指出体育旅游不是追求旅游的短暂效果,尤其不仅仅是一味追求在体育旅行中的效应,而是要和旅行前、旅行中和旅行后的所有过程综合考虑在一起,也是强调对体育旅游游客生活方式(运动行为)的转变。

在国际上,健康(医疗)与旅游融合的历史悠久,自古就有为了恢复和改善健康的旅行存在,古希腊和古罗马时代就产生了休养和保养文化。17 世纪以后,随着近代医学的发展健康(医疗)与旅游结合的旅游形式复兴,也形成了温泉和滨海旅行疗养地,这也成了现代度假村的原型。典型的例子包括德国西南部的著名温泉疗养地巴登-巴登(Baden-Baden)、以水疗和大浴场著称的英国的巴斯(Bath)和布莱顿(Brighton)。近年来,亚洲以泰国为代表的水疗行业蓬勃发展。世界各地的度假村都引入了健康要素,这也促进了健康旅游的发展。

在日本,健康旅游的历史可以追溯到起源于奈良时代的“汤治”。在江户时代中期,十分盛行这种在温泉地区长期停留 3~4 次(1 次 7 天),以此来消除农耕的疲劳、治愈伤口和疾病的文化。温泉文化还和宗教信仰有密切关系,位于日本群马县的四万温泉积善馆被誉为日本最古老的温泉,开业 300 年以来还保留着原始的老的建筑物。积善馆的温泉文化和古代从中国传到日本的道教庚申信仰有着密切的关系。

自 20 世纪 90 年代以来,旅游振兴在日本全国范围内推广,推动了健康旅游的发展。之后,随着国民健康意识的增强,2007 年政府颁布了《国家促进旅游基本法》,并提到旅游有助于促进健康,健康与旅游的关系再一次受到关注。这就是健康旅游的原形。2017 年日本环境省推出了新的概念——

新·汤治。温泉文化地不仅仅是包含了治病的地方,而是包含着多样的自然、历史、文化、美食等多种美丽元素。新·汤治是现代生活方式的新概念。在温泉地,利用地方的资源,通过在温泉地的停留,放松身心,并且对温泉地的繁荣做出贡献。因此健康旅游的供需都在迅速增加,虽然整个旅游行业并未能对此做出反应,下文将就商业模式的现状和服务标准化从 SWOT 分析角度进行分析和讨论(表 5.1)。

表 5.1　日本健康旅游 SWOT 分析表

优势	• 现有新型医疗保健服务 • 不依靠新的投资,就可将地区资源赋予新的价值 • 不只是单纯的旅游产业,更可以促进地区人民的健康延长其寿命 • 可以利用日本健康长寿国的依据与品牌
劣势	• 商品供给型服务(地区/企业的供给)较多,但可能并不需要此类供给 • 商品流通(贩卖渠道)不完善 • 服务品质模糊 • 缺乏科学的证据
机会	• 世界范围内对健康旅游的需求增加,预计市场大幅增长 • 日本“健康立国”宣言的发布 • 以区域医疗保健业为基点的健康寿命延长产业的健康旅游成了国策 • 消费者的健康意识增强 • 厚生劳动省(相当于中国的卫生和劳动保障部)“住宿型保健指导计划(smart life stay)”的实行 • 随着劳动安全卫生法的修订,检查员工工作压力成为企业义务,企业对员工的健康管理增多 • 由区域内医疗保健系统、日本版持续照料退休社区(Continuing Care Retirement Community)而产生新的服务要求
威胁	• 其他健康福祉服务的增加 • 其他落地型旅游和新型旅游形式的增加 • 周边各国尤其是泰国和韩国对健康旅游的重视加强

综上所述,健康旅游的发展有优势、劣势、机会与威胁的特点。在这四个特点共存的基础上,日本创造出自己独特的健康旅游的发展模式,值得各国参考和借鉴。下面用更具体的例子说明日本健康旅游的典型模式。

二、健康旅游的典型模式

健康旅游的关键要与地区和有保健设施的企业进行合作。整理本区域内的资源并与促进健康大概念下的“运动”“营养”和“休养”三种元素相结合的方案是典型模式之一。

和歌山县位于日本的中部,千年以来,地处和歌山县的熊野三山一直被认为是神明居住的圣地。当时,无论是皇族、武士还是庶民都向往着能够到山上一拜。2004 年,熊野古道被联合国教科文组织登记为世界遗产,随后被推荐为日本健康旅游示范地。列举一下经济产业省健康旅游质量评价事业委员会健康旅游的实施范例。如图 5.6 所示,从早晨 9 点开始,先进行健康检查,然后有熊野健康旅游理疗师引导,以愉快的心情和大自然接触,刺激感官,达到徒步促进健康的目的。和歌山县立医科大学和日本福祉大学随行进行科学研究跟踪调查。健康旅游理疗师在徒步过程中,对游客进行历史和文化的讲解。指导进行对身体不产生负担和疲劳感的徒步,同时掌握徒步的节奏,考虑水分补给和饮食,是保证安全与乐趣的健康引路人。午餐的时候,熊野古道以便当盒饭为主。在营养师的监督下,提供营养均衡的午餐,包括四种容易消化的饭团和以蔬菜为主的小菜,可以把外表一看上去就能触动旅游心情的竹制便当盒带回家。大约在 14 点左右结束健康徒步,然后健康检查。15 点到 17 点,进行温泉洗浴,徒步后泡温泉,消除疲劳和放松。

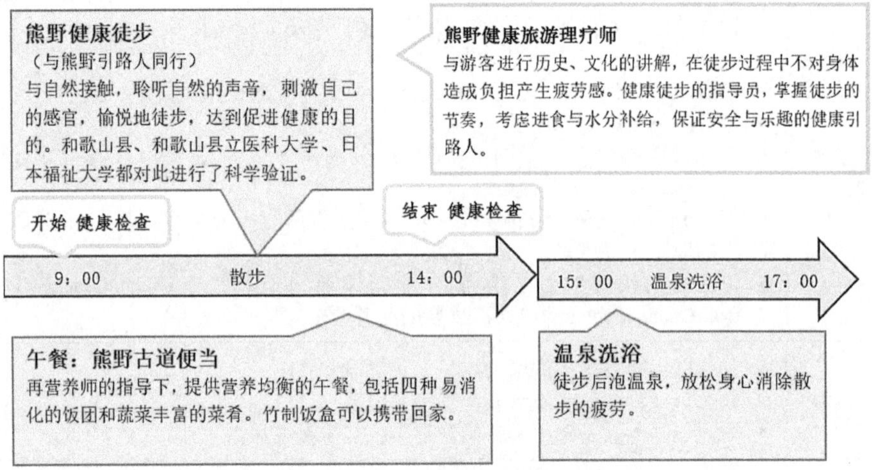

图 5.6 和歌山市田边市的健康旅游模式

作为区域产业的健康旅游业,除了可以作为平台来整合、包装、发布以及流通区域内健康资源与专业岗位和人才之外,提供不同服务内容的供给方的服务收入(服务利用费用、指导费用、饮食费用、住宿费用等)也是区域健康旅游业收入的主要来源。这种因融合了健康价值促进产品产生了新的附加值,最终导致终溢价交易(超出市场价格)的例子有很多。此外,也有来自支持区域健康旅游事业的企业赞助(有形和无形)作为区域收入来源。

尽管对健康旅游的定义确定了,但是由于区域计划有所不同,目前也存在各地区的目标、健康课题和对游客的接待之间存在较大差距的问题。

三、消费者的兴趣度与健康旅游的瓶颈

健康旅游是一个复合产业，对照产业分类，它既是“旅游产业”也是“医疗保健产业”。但是，通过市场调查，我们发现健康旅游通常被认为是医疗保健产业而并未纳入旅游产业。如图 5.7 所示，消费者更加强调“实际效果”和“信赖感/品牌”。近期以来，在日本的健康产业中的部分健身企业也像保健食品和美容行业一样强调使用前后的效果，向消费者承诺医疗保健的效果。然而，用科学的方式很难证明健康旅游的质量。加之健康旅游服务由多种元素构成、服务行业也有产品生命周期，这使得很难投入时间与财力来创建品牌与效果。

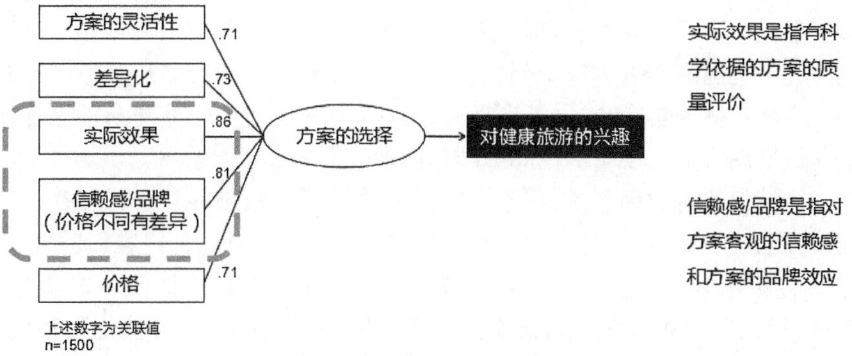

图 5.7　健康旅游的兴趣度(节选)

四、推动健康旅游事业中的商业问题

健康旅游没有标准化的服务模式，服务质量也不明确。服务项目必须满足的最低条件很大程度上由健康旅游事业供给方所决定，因此模糊的状况持续存在。目标虽然明确，但与目标所对应的健康问题不明确，这种情况是不能满足现在的健康旅游的，标准化服务也很少被提供。经销行业(旅行社等)无法对服务进行评价，从而导致对商品进行承包与商业化十分困难，最终陷入无法在市场上流通、贩卖的恶性循环(图 5.8)。消费者很难接触到商品，很难得到消费者对商品的反馈，因此也很难对旅游和医疗保健服务进行检讨和反思。这种情况最终导致健康旅游无法成为区域吸引游客的有效工具，也无法成为一项真正的商业活动。

五、日本国内健康旅游认证体系的启动与国际发展动向

日本经济产业省(相当于中国的商业部)认为，近年来，日本除了制定商品、管理和服务领域的标准之外，在第四次工业革命中还产生了如自动驾驶

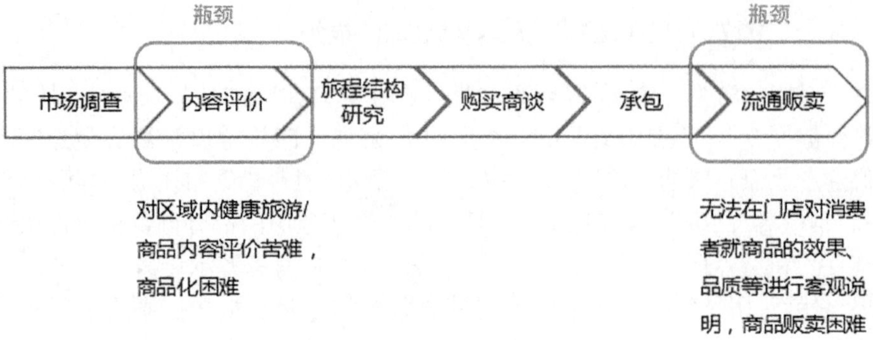

图 5.8　健康旅游服务模式

和智能制造等产业的跨行业国际化标准，标准化的对象与标准化过程也发生了变化。为了应对各种环境变化，以日本标准化活动为基础的工业标准化法案中也出现相关方针。例如，将标准化对象扩大到数据与服务中；加快 JIS(日本工业标准)的制定与修改；确保具有 JIS 标志的企业交易可靠性；开始实行推动官方与私营的国际标准化活动的方案。

在健康旅游方面也是，鉴于标准化活动和商业瓶颈的存在，健康旅游认证体系已于 2018 年 4 月启动。健康旅游认证是指在计划的内容和供给方的方针政策中，从“安心/安全考虑”“提供娱乐/欢乐等情感体验”和“促进健康意识”三方面对医疗保健服务进行评估与认证，并将其“可视化”，使消费者一目了然地了解其质量。

图 5.9　健康旅游认证标志

健康旅游认证标志也使旅游中的愉快和对健康关注的健康保健服务达到“可视化”的效果。中心部分是由绿色、蓝色、黄色三种颜色构成的心的形状，代表着两层意思。第一代表运动、营养和修养健康三要素；第二代表山、海和健康。标志中的人拿着旅行箱在走路代表着健康旅游项目(图 5.9)。

健康旅游认证具体而言，是为具有法人资格的商业实体(供给方)和经过审核的同行业企业的计划提供文件证明。关于认证体系的运行，是由经济产业省指定的非营利组织日本健康旅游振兴协会、日本标准协会和日本体育旅游促进协会三者所构成的健康旅游促进委员会管理。一方面通过这个认证体系，可以提高供给方健康旅游服务的质量，促进商品的供给与流通，还可以通过为消费者提供服务选择指南来增加总需求量(图 5.10)。另一方面，健康旅游认证体系本身也已经成了一种国际潮流。比如 ISO(国际标准化组织)在一个名叫“ISO/TC228”的旅游相关服务委员会中建立了名为“健康旅游服务”的工作小组，ISO17679（健康水疗设施）和ISO17680（海水治疗设施）的标准都已上升。

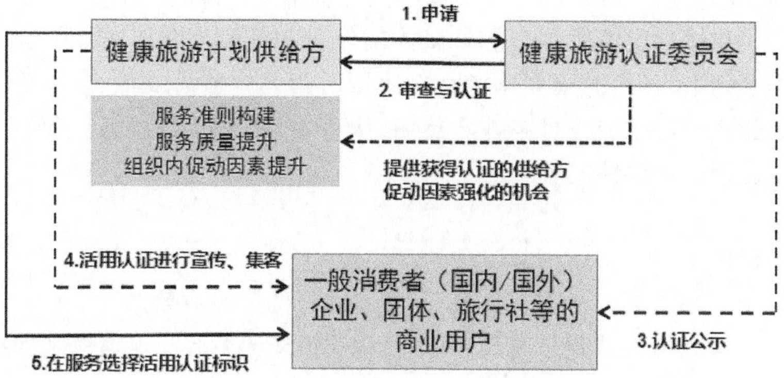

图 5.10　授予健康旅游认证的体系

第五节　经验与展望

本章汇集了日本三位代表性的著名学者和产业界领军人物——原田宗彦、荒川雅志和高桥伸佳的著作。这三位作者无论从学术背景还是产业经验上讲，都代表着日本的最高水准。原田宗彦教授对日本体育旅游的发展历程进行详细地阐述，强调体育旅游将成为日本“创造价值”产业最有前途的部分。荒川雅志教授提出借助气候特点、自然环境、美食佳肴、日本文化，创造日本康养旅游的世界品牌。高桥伸佳所长指出促进健康大概念下的“运动”“营养”和“休养”三种元素相结合的方案是健康旅游的典型模式。这些日本的体育旅游、康养旅游和健康旅游的经验为中国发展这三种业态带来国际经验。

综合各种数据来看，预计日本国内的健康旅游产业将持续发展。然而，健康旅游国际标准的上升也意味着全球范围的健康旅游竞争已经开始。日本国内的劳动力短缺，拥有健康旅游专业知识的人力资源及其不足，这一新兴产业能否延长国民的寿命、促进国民的身体健康、为区域内医疗保健产业做出贡献、扩大就业规模等，都是值得关注的问题。因此，日本应着重挖掘专业人才（如护士、体育人员等专业人才）进行专业人才教育。另外，我们预计老龄化现象会进一步发展。因此，可以将强度较小的体育活动和针对特定疾病的食谱与健康旅游结合，进一步完善健康旅游计划。健康旅游的发展是个复杂的过程，需求来自各个方面。健康旅游不是走马观花式的旅游，而是通过健康旅游消除疲劳，在旅游过程中获取健康的知识，体验品质高的健康服务项目，增进从业员健康，组织以健康目的为中心的公司成员团队旅行和体验基于日本长寿文化的健康项目等。这些需要酒店、旅行社、地方旅游协会、温泉设施、餐饮业等业态通力合作,才有可能实现真正的健康旅游。

体育旅游的发展是建立在体育产业的基础上,和欧美国家相比,亚洲的体育产业和体育旅游发展薄弱。日本的经验和教训是独特的,但是在体育旅游的基础上,日本的康养旅游和健康旅游为体育旅游发展提供了不同的机会。让我们持续关注日本体育旅游、康养旅游和健康旅游这三驾马车是否可以健康可持续性发展。

思考与讨论

1. 为了吸引亚洲游客赴日旅行,日本政府做了哪些努力?

2. 为应对经济体逐渐衰弱,日本所引进的新的公共管理模式是什么?

3. 为什么笔者称体育旅游将成为日本“创造价值”产业最有前途的部分?

4. 奥运会对举办国和举办城市具有怎样的意义和作用?

5. 总结日本为筹备东京奥运会所做的措施,并分析其独特之处。

6. 分析疫情对日本体育旅游的发展产生了怎样的影响?

7. 观光地吸引游客的四个条件是什么,并简要概括其在日式养生文化中的体现。

8. 如何理解康养旅行(或养生旅行)是生活方式的旅行?

9. 什么是健康旅游的典型模式?日本健康旅游典型模式的特点是什么?

10. 什么是健康旅游认证?健康旅游认证的必要性是什么?

11. 什么是日本健康旅游的发展瓶颈,以及它的解决办法是什么?

第六章 超大城市体育旅游发展探究——以上海市为例

第一节 上海市体育旅游发展背景及总体情况

一、发展背景

在供给侧结构性改革的时代背景下,体育旅游作为体育和旅游产业深度融合的新兴业态,对促进旅游业转型升级、丰富旅游产品体系、拓展旅游发展空间、推动体育产业提质增效、促进体育消费具有十分重要的作用。从政策层面看,2016年下半年开始国家密集出台了系列政策促进体育与旅游融合发展,如《国务院办公厅关于加快发展健身休闲产业的指导意见》(国办发〔2016〕77号)、《国务院办公厅关于进一步扩大旅游文化体育健康养老教育培训等领域消费的意见》(国办发〔2016〕85号)、《"十三五"旅游业发展规划》(国发〔2016〕70号)、《国家旅游局、国家体育总局关于大力发展体育旅游的指导意见》(旅发〔2016〕172号)、《国家发展改革委国家旅游局关于实施旅游休闲重大工程的通知》(发改社会〔2016〕2550号)、国家体育总局和国家旅游局签署《关于推进体育旅游融合发展的合作协议》等。为切实推动体育旅游发展,服务国家"一带一路"倡议,2017年7月,国家体育总局、国家旅游局共同制定了《"一带一路"体育旅游发展行动方案》。《上海市国民经济和社会发展第十三个五年规划纲要》也提出:"促进文体旅等有机融合,提升文化创意、体育健身、旅游休闲、时尚等产业竞争力。推进上海国际旅游度假区、佘山国家旅游度假区建设,不断丰富旅游文化内涵,促进文体旅深度融合,建设世界著名旅游城市。办好上海ATP1000网球大师赛、F1中国大奖赛、环球马术冠军赛、国际田联钻石联赛、上海国际马拉松赛、国际自行车联盟女子公路世界巡回赛等重大赛事,引进培育更多与国际化大都市功能相匹配的顶级赛事,延伸体育赛事产业链,鼓励国际体育组织或分支机构落户上海,深化足球改革,加快职业体育发展,建设全球著名体育城市。”2018 年 9 月出台的《关于促进上海旅游高品质发展加快建成世界著名旅游城市的若干意见》和 5 月发布的《上海市体育旅游融合发展规划》的通知中也都提出了要充分进行体旅结合,大力发展体育旅游。

通过上述国家和地方的指导性政策,可以看出体育旅游的发展潜力巨大、前景广阔。如何通过体育旅游的发展促进上海市地方经济的增长,如何利用这些国内外顶级体育赛事营销城市实现体育赛事与城市旅游发展的互动,如何开发体育旅游来实现上海市 GDP 增长,促进就业、物价、国际收支、企业利润、财政收入和劳动生产率等方面的良性发展是上海建设世界著名旅游城市和建设全球著名体育城市的关键,也是上海深入推进长三角地区旅游服务协同发展的重要途径和手段。而要实现这些目标,离不开大量的基于国际视野角度下的体育旅游的研究,尤其是对上海市体育旅游经济影响力的研究。只有不断提升体育旅游的经济影响力,才能带动上海市体育旅游产业的全面发展和区域旅游经济的腾飞。

二、总体情况

2018 年是贯彻落实党的十九大精神的开局年,也是我国改革开放四十周年。为推进旅游业深化改革、加快高品质发展,9 月 5 日,上海市委、市政府召开了全市旅游发展大会,明确了下一阶段旅游发展的主要任务,同时对高品质建设世界著名旅游城市做了全面部署。2018 年国庆假期正逢上海市积极筹备首届中国国际进口博览会,上海市旅游行业按照市委、市政府统一部署,认真落实市旅游发展大会精神,对标世界著名旅游城市目标,丰富假日旅游市场供给,提高旅游服务质量,加大旅游市场监督管理力度。2018 年国庆期间,上海市共接待游客 1 038 万人次,同比增长 12%,创近年来最高涨幅;实现旅游收入 102.9 亿元,同比增长 11.4%。上海市饭店宾馆客房出租率 59%,同比基本持平;旅馆招待所客房出租率 59.2%,同比增加 1 个百分点。据统计,2017 年上海实现旅游总收入达到 4 485 亿元,同比增长 15.7%;2013 年至 2017 年,上海旅游总收入年均增长 7.1%,旅游产业增加值占全市 GDP 比重始终保持在 6.2%以上的水平。上海市旅游产业和旅游经济的增长趋势,也为体育旅游的发展奠定了夯实的基础。

(一)上海市发展体育旅游的重要意义

体育是发展旅游产业的重要资源,旅游是推进体育产业的重要动力。大力发展体育旅游是丰富旅游产品体系、拓展旅游消费空间、促进旅游业转型升级的必然要求,是开发体育资源、实现全民健身和全民健康深度融合、推动体育产业提质增效的必然选择，对于培育经济发展新动能、拓展经济发展新空间具有十分重要的意义。

1. 有利于引领上海市核心城市经济区的发展

经过近些年的开发建设，上海市已成为我国参与区域合作的重要平台。习近平在中国国际进口博览会开幕式上的发言中也提到“开放、创新、包容已成为上海最鲜明的品格”。同时指出为了更好地发挥上海等地区在对外开放中的重要作用，“将支持长江三角洲区域一体化发展并上升为国家战略，着力落实新发展理念，构建现代化经济体系，推进更高起点的深化改革和更高层次的对外开放，同‘一带一路’倡议、京津冀协同发展、长江经济带发展、粤港澳大湾区建设相互配合，完善中国改革开放空间布局。”发展新兴的体育旅游也可以充分利用区域整体优势和集合效应，以上海为核心城市，辐射周边，做大体育旅游产业的规模，推进长三角地区体育旅游产业升级，优化体育旅游空间布局，完善体育旅游服务功能，打造一条以上海为中心的特色区域体育旅游建设道路。

2. 有利于增强体育旅游产业的经济综合实力

增强体育旅游产业的经济综合实力是促进上海市体育旅游经济的重要任务。通过开发新兴体育旅游业态、打造体育旅游产品和服务、推进体育旅游营销等方面，可以增强体育旅游产业的综合实力并加快体育旅游产业结构调整的步伐，可以实现以体育旅游产业为主导的旅游产业发展新格局。通过加快体育旅游产业的转型升级，促进上海市体育旅游产业高端化、智能化、服务化、集群化发展，建设具有国际竞争力的先进的体育旅游产业区。

3. 有利于提升周边地区的国际合作和对外开放水平，形成我国长三角地区新的体育旅游经济增长极

上海市与长三角地区以及周边邻近国家旅游资源禀赋互补性强，经济技术合作的空间广阔，加快发展的潜力巨大。以推进上海市体育旅游产业发展为重点，全面推进长三角区域体以及国际体育旅游的合作开发，有利于为深化周边开放探索经验，增强城市自身发展能力；同时有利于挖掘体育旅游对外开放合作的潜力，形成具有发展活力的新的体育旅游增长区域，为全面推动区域协调发展发挥推动与支撑作用，这也完全符合习主席对上海评价的“开放、创新、包容”的城市品格。

4. 有利于完善体育旅游的功能

新兴体育旅游业态的开发，可以强化体育旅游中心功能。在上海市充分发掘体育旅游资源，建设种类多样的体育旅游项目，策划具有重要影响力的体育赛事及体育文化节庆活动，培育出具有上海地方特色的体育旅游产品和服务，可以增强上海乃至长三角地区体育旅游的整体发展能力，有效促进上海进行全国旅游目的地和世界性旅游城市的建设。

目前，在国家“一带一路”倡议和长三角区域合作开发的大环境下，上海市发展体育旅游还面临着一些发展中的困境，主要有体育旅游产业国际竞争力不强、体制机制创新不足等。今后要充分发挥优势，积极弥补不足，按照长期谋划、内外结合、突出重点、分步实施、务实操作的基本思路，进一步拓展体育旅游区域合作的范围和领域，不断创新体育旅游区域合作的模式和机制，着力增强体育旅游区域合作的活力和实效。

（二）上海市发展体育旅游的基础条件

1. 高质量的城市环境与美丽的城市风光的组合，为上海市体育旅游发展提供了良好的基础

为了吸引更多的体育旅游爱好者，大多数的体育赛事活动、体育节庆活动都设在风景优美、经济发达的旅游城市或在交通便利的沿海地区和海滨，有的甚至建在高档的旅游度假区内，这些优美的环境让在此体验的人流连忘返。上海市的大部分体育旅游活动场所环境优美，设施完善。旅游者在尽情享受体育运动休闲时光的同时还一边领略城市环境的秀美，这对旅游者来说具有相当大的吸引力。这种休闲游憩型的体育旅游运动对体育旅游市场的开发起着积极的推动作用，例如，上海东平国家森林公园是集休闲、娱乐、活动和赛事于一体的综合性公园，近年来举办了一系列体育休闲活动，如“200 公里环岛自行车赛”“崇明森林半程马拉松赛”“100 公里环岛超级马拉松赛”“趣岳帐篷节”“房车运动博览会”等；珠湖公园荣获“上海市四星体育旅游休闲基地”称号。公园内部不断完善旅游基础设施，提升服务能级，先后成功举办了“铁人三项比赛”“中欧 AMP24 小时精英挑战赛”“明珠湖杯第八届长三角城市龙舟邀请赛”“崇明区龙舟赛”等赛事活动，充分彰显了体育休闲旅游的品牌影响力。下阶段，公园将充分利用得天独厚的资源优势和区位优势，继续完善具有自身特色的国际路亚钓基地和明珠湖环湖跑道功能设施，倾力打造环境优美、服务一流的特色体育休闲公园。2017 年 1 月，上海美帆被国家体育总局命名为国家体育产业示范单位；同年 8 月，入选国家体育总局全国首批运动休闲特色小镇（上海金泽帆船运动休闲特色小镇）。这满足和体现了国际化大都市休闲与体育旅游多样性的特点。

2. 广博的客源形成了巨大的体育旅游潜力市场

上海市区位条件优越、交通便捷，处于华东地区及长三角地区的核心地带，且毗邻日本、韩国、新加坡等，并联系紧密。这些地区经济发达，从事旅游的人口相对较多，为上海提供了良好的国际旅游客源基础。国际旅游市场的日益扩大以及各种国际体育赛事在上海的举办，对今后形成国际体育旅游人口创造了条件。2018 年国庆假日期间，上海市纳入国庆假日监测统计的 135 家旅游景区（点）累计接待游客 737.5 万人次，同比增长 15.3%，另

据市绿化市容局统计，上海市各主要公园累计游客游园量达652万人次。另据交通部门统计，国庆假日交通客运累计抵达旅客量为461.3万人次，同比增长10.6%。其中铁路抵达旅客292.5万人次，同比增长15.1%；民航抵达旅客118.3万人次，同比增长5.5%；陆上长途客运抵达旅客49.9万人次，同比增长0.6%。9月30日0时至10月6日24时，上海市入沪小客车数和出沪小客车数分别为228万辆次、217万辆次，分别同比增长60%和9.6%。9月30日至10月6日，虹桥、浦东机场口岸出入境总人数为74.7万人次，其中入境总人数为36.7万人次，同比增长4%；出境人数为38.1万人次，同比减少7%。上述数据表明国内的客源市场发展迅速，整个国内旅游客源市场的增长势必会带动国内体育旅游者数量及规模的增加(图6.1)。途牛旅游网监测数据显示，2017年预订体育旅游线路的人数同比上涨150%，国内体育旅游市场存在着较大发展潜力。从时间和花费上来看，20%的用户仅愿意为一次体育旅游行程花费3天以内时间，50%的用户愿意花费4~6天时间，愿意花费7天以上时间的用户占比30%。预算方面，42%的用户可接受2 000元以下的消费，45%的用户预算范围在2 000~4 000元之间，预算范围在4 001~6 000元之间的占比仅为9%。户外游是最受欢迎的体育旅游类别，占到整体产品的75%。其次是体育观赛游，占到15%(图6.2)。相比于昂贵的跨国体育旅游，7成以上的消费者更加青睐国内户外游，徒步、骑行等

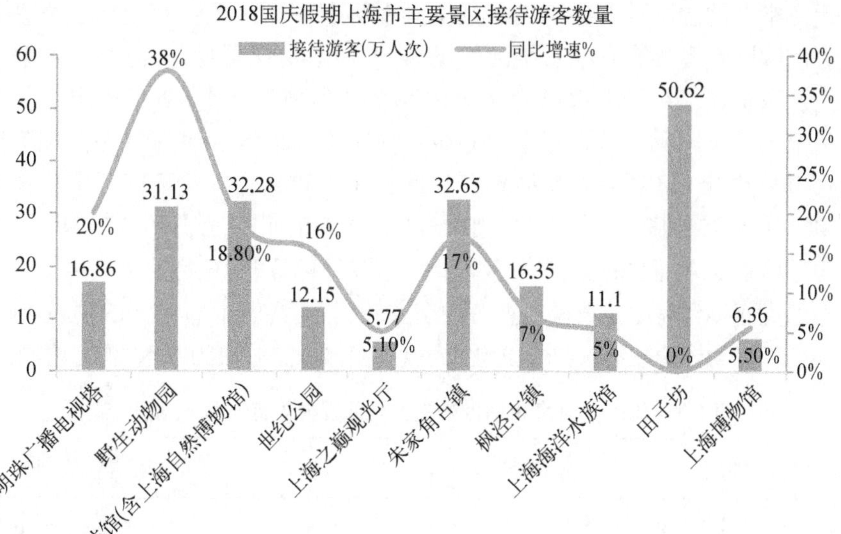

图6.1　2018年国庆假期上海市主要景区接待游客数量统计

数据来源：中商产业研究院整理

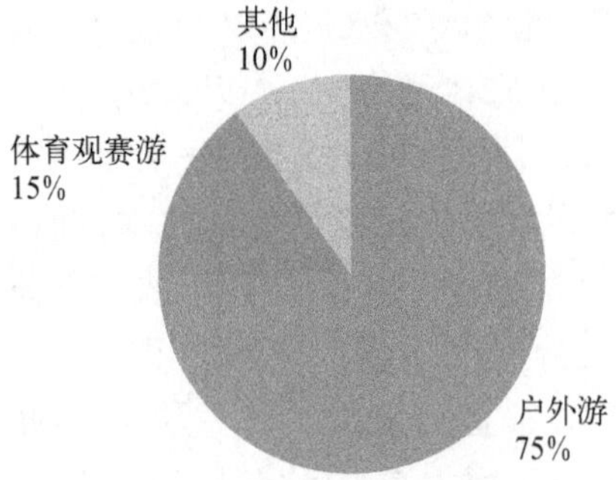

图 6.2 体育旅游客源市场出游类型

项目最受欢迎。境外观赛型体育旅游和参赛型体育旅游成了近年来的新亮点，各大赛事的旅游产品深受游客青睐。

3. 丰富的体育旅游资源为上海市体育旅游的发展创造了必要条件

凡能激发体育旅游者的旅游动机，为体育旅游业的经营活动所利用，并由此产生经济价值的各种环境因素和条件，均属体育旅游资源。体育旅游资源是体育旅游业存在和发展的基本条件，体育旅游者对目的地的选择首先考虑的是体育旅游资源。

（1）上海市体育旅游资源总体评价。① 数量众多，类型齐全。上海市具有级别的体育旅游资源涵盖了体育赛事、体育节庆、体育旅游小镇、运动俱乐部、体育休闲公园等各种具体的业态类型。这里值得一提的是位于上海体育学院校园里的中国武术博物馆、位于黄浦滨江边的国际乒联博物馆和中国乒乓球博物馆、位于五角场的江湾体育场等这些独特的体育旅游资源给上海市体育旅游发展锦上添花。② 赛事多样，内容丰富。上海市体育局官方数据显示，2016 年共举办国际性赛事 10 项，国内赛事 33 项；2017 年上海举办的国际性赛事有 14 项，全国性赛事 32 项；2018 年上海已举办和拟办的国际性赛事有 65 项，全国性赛事 88 项。由此可见，上海举办的赛事无论从数量还是级别上都已处于国内乃至国际领先水平，初步奠定了上海作为全国乃至国际性体育赛事中心城市的地位。2018 在上海举办的国际国内赛事总共有 153 项表 6.1 列举了 2018 年上海市举办的主要国际国内体育赛事。③ 生态彰显，文化点缀。相对于城市中心区而言，部分体育休闲场所的生态环境是令人神往的。空气清新自然，植被郁郁葱葱，充足的负氧离子能让疲惫的身心得到有益的放松。上海的东方绿洲、美帆俱乐部、浦东郊野公园等优美的环境为体育旅游又染上文化的气息，使体育旅游更为厚重、更有内涵。

表 6.1 2018 年上海市举办的主要国际国内体育赛事一览表（部分）

序号	性质	比 赛 名 称	时间	比 赛 地 点
1	国际	亚冠联赛	1 月	虹口足球场、上海体育场
2	国际	F1 世界锦标赛中国大奖赛	4 月	上海国际赛车场
3	国际	2018 年上海环球马术冠军赛	4 月	浦东世博园区
4	国际	2018 国际箭联射箭世界杯赛（上海站）	4 月	源深体育场

续表

序号	性质	比 赛 名 称	时间	比 赛 地 点
5	国际	2018年国际田联钻石联赛上海站	5月	上海体育场
6	国际	2018十人制橄榄球国际邀请赛	6月	江湾体育场
7	国际	中国国际青少年保龄球公开赛	7月	卢湾体育馆
8	国际	2018上海国际自由式轮滑公开赛	8月	南京东路世纪广场、黄埔轮滑馆
9	国际	上海世界华人龙舟邀请赛	9月	青浦区朱家角镇
10	国际	上海ATP100大师赛	10月	旗忠森林网球中心
11	国际	2018年上海国际交互绳大奖赛	11月	青浦区体育馆
12	国际	2018/2019赛季国际滑联短道速滑世界杯赛(上海站)	12月	东方体育中心
13	国内	2017~2018赛季中国女子篮球联赛	1月	宝山体育中心篮球馆
14	国内	全国短道速滑冠军赛	1月	上海东方体育中心
15	国内	中国足球协会甲级联赛(上海赛区)	3~11月	参赛队基地
16	国内	中国乒协团体公开赛	3月	嘉定体育中心
17	国内	2017~2018年度全国冰壶冠军赛	4月	廊下郊野公园、广陈镇
18	国内	(长城润滑油)CTCC中国房车锦标赛上海站	5月	上海国际赛车场
19	国内	CEC中国汽车耐力锦标赛	6月	上海国际赛车场
20	国内	2018全国全接触空手道邀请赛	7月	静安区体育馆
21	国内	2017~2018赛季全国击剑冠军赛总决赛	9月	松江区大学城体育馆
22	国内	中国超级摩托车锦标赛上海站	9月	天马赛车场
23	国内	2018第七届极限运动挑战赛	10月	滑板公园
24	国内	2018年“上海长风杯”手杖健身操全国邀请赛	11月	华师大体育馆
25	国内	2018全国大学生自由式轮滑锦标赛	12月	上海体育学院
26	国内	“万达信息杯”桥牌邀请赛及全国通讯赛	12月	张杨路1458号

（2）上海市体育旅游资源类型划分。参照中华人民共和国《旅游资源分类、调查与评价》(GB/T 18972－2003)国家标准进行资源单体划分和类别界定。按照项目组对于上海市体育旅游资源的调研及数据采集，对上海市体育旅游资源类型进行了划分(表6.2)。

表6.2　上海市体育旅游资源分类归属表

主　类	亚　类	具体类型	主　要　代　表
建筑与设施	综合人文旅游地	高端运动俱乐部	上海郎傲赛车运动俱乐部、上海彩虹户外运动俱乐部、上海美帆游艇俱乐部等
		运动主题公园	海滨江森林公园、菊园北水湾体育公园、九子公园等
		体育旅游小镇	崇明区绿华镇(国际马拉松特色小镇)陈家镇(体育旅游特色小镇)、青浦区金泽帆船运动小镇等
		体育旅游休闲基地	上海东方体育中心、滴水湖、浦江郊野公园、中成智谷等
	单体活动场馆	展示演示场馆、体育建设场馆	上海奥迪国际赛车场、北外滩滨江上港邮轮城、中国武术博物馆、中国乒乓球博物馆等
人文活动	民间活动	体育赛事	世界一级方程式(F1)锦标赛中国大奖赛、国际田联钻石联赛(上海站)、ATP网球大师赛、“金山城市沙滩最强CP体能挑战赛”及“2018上海市金山城市沙滩沙地乒乓球团体赛”、世界斯诺克上海大师赛等
		体育活动	高尔夫、骑行、山地自行车、帆船、乒乓球、沙滩排球、攀岩等
	现代节庆	体育节庆	2018上海旅游节、2017(第七届)中国上海·崇明岛自行车嘉年华、佘山登高节等

上海市普遍成熟的三种不同资源类型的体育旅游休闲基地，首先是对公众开放的、具有旅游休闲功能的体育建筑与设施，如体育场馆、体育博物馆、体育公园、体育度假村、体育运动训练基地等。其次是对公众开放的、具有体育设施的旅游休闲场所，如旅游度假区、森林公园、郊野公园等。最后是对公众开放的体育赛事、民族民俗体育表演节目、体育旅游节庆/会展等(表6.3)。

表 6.3　上海市部分体育旅游休闲基地一览表

星级标准	基地名称	主要功能介绍
五星级	上海东方体育中心	大型的现代化综合性体育场馆，主要由体育馆、游泳馆、室外跳水池、东方体育大厦四大建筑组成，中心积极举办国际国内顶级赛事，最大限度地向市民开放，着力为提升上海市国际影响力和市民健康发挥积极作用
	上海美帆游艇俱乐部	拥有帆船、帆板、皮划艇、桨板、水上自行车等 20 余个项目 400 余组船艇设备，现已成为 3 000 余线下家庭会员和线上数千万青少年粉丝群体、业内国际化程度和市民参与度最高、各类赛事最频繁的集赛事培训、旅游观光、度假休闲于一体的帆船运动平台型服务商，具有区域特色的健身休闲示范区、健身休闲产业带
四星级	西沙·明珠湖景区	是集上海首家国家级湿地公园、国家 4A 级旅游景区、上海重要野生动物栖息地和极小物种獐子保护科普教育基地等为一体的体育旅游休闲基地。景区自然风光秀美，大气指标国家一级，水质标准国家Ⅱ类。拥有陆上国际女子自行车赛道和上海第一跑道、水上龙舟和国际路亚垂钓、空中华东地区唯一的珍禽放飞基地
	滴水湖	以湖为载体，水陆运动项目结合的大型开放式体育旅游休闲基地。环境优美，空气质量优良，可以在湖边散步、骑行、休憩，更可以去湖面体验帆船、皮划艇、游船游湖观光等项目。周边分布有上海中国航海博物馆、上海海昌海洋公园等诸多旅游项目，可以为游客提供丰富的体育旅游休闲体验
三星级	浦江郊野公园	是以漫步、跑步、骑行等体育项目为主，卡丁车、垂钓等休闲娱乐为辅的特色体育休闲基地。园内设置了丰富的游线，可供游客步行、骑行。4 公里滨江观光道、2 公里田园水乡游线、26 公里郊野自行车道，22 公里半程马拉松道，不同的游线将带来不同的体验
	廊下郊野公园	以“农村、农业、农民”为主题，集现代农业、科普教育、文化体育、旅游休闲于一体的“主题农场”型郊野公园。公园已经连续举办了三届上海半程马拉松赛事。2018 年 4 月，金山廊下还与嘉兴平湖联动，打造了一条跨省乡村田园马拉松赛道。廊下郊野公园是上海市第一家开园的郊野公园，整个公园无围栏，为开放式公园，内设有游客服务中心，为游客提供咨询和导游服务

4. 长三角一体化的实施为上海市体育旅游产业联动发展加快了速度

伴随着长三角一体化的发展，长三角地区体育旅游也加快了联动发展。2018 年国庆前召开的长三角旅游发展论坛，助推了长三角客源互送，市场共建。国庆假日期间，长三角地区旅游客源互送增长态势明显，且高铁出游日益成为长三角旅游的主要方式。据上海市文化和旅游局数据统计，外省市来沪游客客源中，占比排名前五位的分别是江苏、浙江、安徽、北京、广东。10 月 1 日至 7 日，上海旅游集散总站累计发送旅客 1.51 万人次，发车 437 班次，同比有所增长。长三角地区在经济上相互支持、协调发展，体育旅游就更应该共同发展、形成网络。以上海的体育旅游吸引游客，可以带动周边地区的发展；以周边优秀的旅游资源招揽旅游者更可以带动上海的发展，逐步形成长三角地区的体育旅游产业集群。长三角地区可在保持各自特色的基础上共享客源、共同宣传，以形成强大的体育旅游产业链。

5. 国家层面和上海市相关体育旅游政策的出台为体育旅游的发展提供了保障

2016 年 5 月，国家体育总局发布《体育发展“十三五”规划》，提出与旅游部门共同研制《体育旅游发展纲要》，开展全国体育旅游精品项目推介，打造一批体育旅游重大项目。同月，国家体育总局与国家旅游局签署了《关于推进体育旅游融合发展的合作协议》，双方共设“全国体育旅游工作领导小组及其办公室”，共同组织研制《全国体育旅游发展纲要》，启动全国体育旅游示范基地和体育旅游项目的遴选，探索建立体育旅游统计指标体系和标准体系，加强体育旅游从业人员培训进而提高服务质量。借着国家政策的大方向，国家文化和旅游办公室和国家体育总局办公厅联合又下发了《关于开展“国家体育旅游示范基地”创建工作和“国家体育旅游精品赛事”申报工作的通知》，公示了首批 30 个“国家体育旅游示范基地”创建单位以及 33 个“国家体育旅游精品赛事”。国家关于体育旅游的主要政策见表 6.4。

表 6.4　国家层面发展体育旅游部分主要政策

年份	主要政策	对应政策解读
2017	《关于开展“国家体育旅游示范基地”创建工作和“国家体育旅游精品赛事”申报工作的通知》	公示首批 30 个“国家体育旅游示范基地”创建单位，以及 33 个“国家体育旅游精品赛事”
	《“一带一路”体育旅游发展行动方案》	在“一带一路”相关区域形成一批精品体育旅游赛事、特色运动休闲项目、有竞争力的体育旅游企业和知名体育旅游目的地
	《汽车自驾运动营地发展规划》	基本形成布局合理、功能完善、门类齐全的汽车自驾运动营地体系；重点打造一批精品汽车自驾运动赛事活动

续表

年份	主要政策	对应政策解读
2016	《关于进一步扩大旅游文化体育健康养老教育培训等领域消费的意见》	强调要着力推进幸福产业服务消费提质扩容,围绕旅游、文化、体育、健康、养老、教育培训等重点领域,不断释放潜在消费需求
	《关于大力发展体育旅游的指导意见》	体育是发展旅游产业的重要资源,旅游是推进体育产业的主要动力

随之,上海市也相继出台了各种有益于体育旅游发展的政策,尤其在2017年和2018年政策更为集中发布。在这些政策中,都对体育旅游的各个环节提出了支持和建议(表6.5)。

表6.5 上海市发展体育旅游相关政策

年份	主要政策	对应政策解读
2018	《关于促进上海旅游高品质发展加快建成世界著名旅游城市的若干意见》(沪府发〔2018〕号)	加快文化旅游、购物旅游、体育旅游、邮轮旅游、会展旅游、健康旅游、工业旅游、乡村旅游等融合创新,促进旅游供给侧结构性改革
	《体育旅游休闲基地服务质量要求及等级划分》(DB 31/T755－2018)	推进本市体育旅游融合发展,提升体育旅游休闲基地服务质量
	《上海市体育旅游融合发展规划》	上海要建设世界著名旅游城市和体育强市,建设国际文化大都市,既要拥有世界顶级的赛事,拥有运作赛事旅游市场的强大能力,也要拥有广泛的体育人口,拥有体现城市活力的、有影响力的群众性品牌体育旅游活动
2017	《经营性帐篷露营地建设与服务规范》	进一步丰富游客服务产品和活动项目,提高帐篷营地的服务质量,为游客提供安全、舒适、多元的帐篷营地体育旅游体验
	《关于推进体育旅游标准化建设的若干意见》和《体育旅游休闲基地等级评定办法》	深化体育旅游标准化改革,创新体育旅游标准化体制机制,完善体育旅游标准体系,扩大体育旅游产品供给,提升体育旅游服务品质

6. 旅游的转型和投资为上海市体育旅游的发展带来了机遇

经济的发展带来消费升级,同时也带来了旅游需求的变化。当前,中国旅游已经进入大众旅游时代,观光游已经逐步向休闲度假游转变。旅游消费者不只局限于走马观花式的传统旅游方式,更愿意参与一些能够促进身体健康、恢复体力精力、加强体育锻炼意识的运动休闲旅游项目,如山地运动、水上运动、冰雪运动、高尔夫运动、观看大型体育比赛等。目前,全国县级以上有景区 2 万多个,但休闲度假景区不足 5%,因此不能完全满足消费者的需求。

按照国外经验来看,山地户外、水上运动、冰雪运动和高尔夫运动等占整个运动休闲市场的 80%,而这些产业的发展,均离不开高质量、高水准的软硬件服务。因此,体育产业与资本市场必须打通,资本的介入、从业者的创新思维是让中国体育旅游实现产业升级的关键。根据文化和旅游部发布的《2015 年全国旅游业投资报告》所示,我国体育旅游不断受到重视并得到快速发展,2015 年体育旅游实际完成投资 791 亿元,同比增长 71.9%。《2016 年全国旅游业投资报告》中指出滑雪项目同比增长 111%,投资增速最高。体育旅游投资保持较高速增长,增速超过 40%。体育旅游是旅游产业基金投资重点,体育运动等休闲度假综合体项目成为各类资本追逐的热点。从旅游业发展趋势看,体育旅游产品将成为未来旅游投资的重要领域,包括竞技性体育赛事、参与性体育赛事、群众性体育活动、体育节庆活动、滑雪场等。《全域旅游发展报告 2017》中提出"旅游+体育"的模式,要形成医疗健康旅游、养生养老旅游等健康旅游产品与业态,形成冰雪运动、山地户外、水上运动、汽车摩托车运动等体育旅游。

第二节 上海市发展体育旅游的影响及核心要点

一、体育旅游给上海市带来的影响

总的来说,发展体育旅游是为上海市经济发展和社会进步创造契机。体育旅游的产生和发展也将体现出一定的社会和经济效益。它会以特色旅游为先导,依托体育运动和宣传的媒介优势,促进地方体育旅游经济的繁荣,带来积极的影响,但不可避免的是体育旅游产业刚刚成熟起来,必然会存在缺陷和弊端,所以也会导致一系列的消极影响(表 6.6)。

表 6.6 上海市发展体育旅游的积极影响和消极影响对照表

主要影响	积极方面	消极方面
区域经济	• 促进 GDP 的增长,推动上海旅游业及其他行业的发展 • 提供就业机会,保障社会稳定 • 促进招商引资和经济发展,有利于税收 • 促进经济多样性,有利于保持经济基础的稳定	• 缺乏整体行业导向支持 • 规划落后造成的客源市场的开发不足 • 体育旅游产品及附带产品种类缺乏 • "体育旅游"精品线路策划经验不足

续表

主要影响	积　极　方　面	消　极　方　面
社会文化	• 促进地方公共服务事业的发展 • 提高上海市居民的素质 • 提升上海市城市整体形象	• 偏向“专业化”,“大众化”程度不够 • 部分地区旅游接待服务能力较差 • 体育旅游区社会秩序混乱
地方环境	• 促进生态环境的保护 • 改善土地利用结构 • 在活动过程中增强人们的环保意识	• 大量占用耕地及浪费水资源 • 使用化学物质维护景区环境造成污染 • 旅游区规划不合理

二、发展体育旅游的核心要点

(一)体育旅游产品体系不完整

1. 体育旅游产品开发不足

体育旅游服务标准系统的完善,推进体育旅游地设施规范化构建,将有助于提高游客的满意度,而且游客的满意度与旅游地的产品层次呈正相关。目前上海市体育旅游产业中体育旅游产品的体系还不尽完善。首先,在体育旅游发展中,体育旅游产品的观赏性没有被完全开发出来,以至于体育旅游产业的优势展现不出来。其次,体育旅游产品的性质具有重复性的特点,体育旅游产品开发的周期较长,没有办法在短时间内运转,从而影响了体育旅游的发展。最后,体育旅游产品没有体现出完整的文化内涵,游客没有办法从体育旅游产品中感受到当地的文化特色。现阶段,上海的体育旅游产品是以观赏低水平开发的旅游资源为主线,拥有享受性、参与性、娱乐性等特点的高质量体育旅游产品开发严重不足。

2. 体育赛事对旅游经济的带动作用有待进一步挖掘

现场观众是体育赛事旅游价值的最直接体现,目前上海各项赛事的现场观众人数仍然偏低。上海赛事场馆空间和旅游空间之间的转化和融合有待提高。当今的体育场馆朝着标志化、规模化、综合化和多元化方向发展,往往成为举办城市的标志性景观建筑物。上海现有体育赛事场馆的旅游功能尚不充分,难以独立形成上海新的旅游景点。上海 F1 赛车场、旗忠网球中心和上海体育场等作为上海最具标志性的赛事场馆仍以单一的赛事功能为主,在旅游市场影响有限。另外,上海赛事对城市旅游形象的推动作用尚待提升。目前上海主要品牌赛事的电视转播收视观众数和其他国家同级别赛事相当,甚至还属领先水平,但上海体育赛事有意识地带给上海城市旅游形象的曝光机会仍然不多。

（二）体育旅游基础设施的问题

在“一带一路”倡议下，沿线国家对体育旅游发展的需求明显提升，但是基础设施的建设没有办法满足其需求。每个地区对旅游产业的需求量是不同的，大部分地区都有旅游旺季需求旺盛的情况，在每年旺季的时候，当地的交通和住宿以及设施就会出现供不应求的现象，这严重地影响了当地体育旅游的发展。上海也如此，部分体育旅游基础设施不完善，而且旅游住宿、交通、餐饮等服务设施和城市现代化严重脱节，缺乏体验内涵与延伸价值。公共体育设施建设不足，人均体育场地面积和公共体育设施综合利用率有待提高，公共体育设施管理制度和公共体育场馆管理体制还须进一步完善。

（三）体育旅游服务质量的问题

体育旅游服务质量是体育旅游产业综合竞争力的重要标志。体验性体育旅游活动的增加，势必对旅游服务质量提出较高的要求。但目前在整体体育旅游服务系中体育旅游资源的丰富程度与环境的美化程度、体育休闲活动的丰富程度和影响力大小、景区规模大小和接待人次的多少、服务管理和配套设施的水平等方面还存在诸多问题。上海市依据相关国家标准已经制定了《体育旅游休闲基地服务质量要求及等级划分》的地方标准，将体育休闲旅游基地的等级划分为三个级别，从高到低依次为五星级、四星级、三星级。但是其他类型的旅游目的地及资源服务质量的管理与监测还须进一步完善。

（四）体育旅游专业人才的缺乏

体育旅游有体育运动和观光运动两个领域。体育旅游的发展既需要拥有专业的体育运动能力的人才，又需要具有旅游服务能力的人才，这是两个产业融合的重要条件。体育活动必须遵循科学的锻炼方法来实现健身娱乐的目的，但有很多活动项目必须在专业人员指导下才可以去参与，如潜水、蹦极、攀岩等。所以体育旅游从业者，必须是精通体育与旅游两种学科的专业人员，这样不仅可以让旅游者更有效地参与和体验体育项目，也可以减少伤害事故的发生。但是目前这种复合型人才在上海的业界比较缺乏，而且能提供此类专业教育和培训的机构也较少。虽然上海体育学院设置了体育旅游专业，但是还处在开始阶段，还不能及时培养出体育旅游的专业人才。

（五）体育旅游品牌塑造的弊端

随着我国的体育旅游的飞速发展，户外运动、体育休闲游等逐渐成为人们旅游度假的选择主要吸引点，地方政府和旅游企业投资主体努力积极打造具有地方特色的体育旅游目的地，有效地拉动体育旅游业的发展。但在发展的过程中，依然缺乏合理的规划意见和塑造品牌的专业意识，导致体育旅游资源开发形式匮乏、同质化和品牌缺乏特有的吸引力等问题出现。上海市的体育旅游品牌塑造应该立足本地优质资源特色、环境特点、民俗特等，更深入地挖掘体育文化资源，创建独特的品牌建设，具备新颖的创新创意，这些都是影响上海市体育旅游品牌的构建的主要因素。

第三节　上海市体育旅游经济影响力综合分析

对于体育旅游经济影响力，国内外的研究中都没有明确的评价体系。美国、英国、加拿大等一些发达国家的学者们都主要从体育赛事的举办角度出发，通过分析赛事经济影响来表述城市的体育旅游经济影响力。但是考察体育旅游经济影响力也不能单从体育赛事这一个维度来进行分析，因为体育旅游的业态包含多方面，体育赛事只是其中的一个主要部分，并不能代表全部。

一、体育旅游发展经济影响因素的主要构成

1. 上海市的整体经济水平（GDP）

城市整体经济水平的高低影响着其满足旅游者的旅游消费的能力。一方面，经济水平较高的地区可以承担因体育旅游发展需要而投入的大量基础设施建设费用，为旅游者的游览和出行带来很大方便。这种良好的环境会吸引很多旅游者前来，从而加强体育旅游对经济的影响。另一方面，经济水平高意味着商品种类齐全、劳务服务多样、居民的商业意识较强，这也会大大满足旅游者对体育旅游商品和服务的需求，增加体育旅游目的地的吸引力。

2. 体育旅游资源和设施的吸引力

体育旅游资源和设施的吸引力是影响体育旅游企业开发和宣传力度以及旅游者数量的主要因素。体育旅游资源的欣赏、娱乐价值越高就越可能吸引更多的体育旅游企业对其进行开发和宣传，从而改善资源的基础设施环境，突出资源特色，以吸引大批旅游者到来。同样，体育旅游设施的休闲娱乐性也会影响其对旅游者的吸引力。体育旅游辅助设施，如酒店等辅助

设施的质量也会影响到旅游者的消费预期，更高档次的酒店会带来更多的旅游者消费。

3. 非上海市体育旅游从业人员比例

在旅游经济学基础理论中，旅游收入的分配当中有一项是人员工资的支付，这一项也是容易造成经济漏损的支出项目之一。漏损额的大小取决于企业员工是否是本地人员，本地人员越多，则漏损越小，旅游收入还会在目的地的经济体内循环。反之，则会造成资金的外流，从而减弱旅游经济效应。在考察体育旅游经济效应时，这一因素也是十分必要的。

4. 上海市政府的财政投入

政府在体育旅游发展中的地位是十分重要的，表现在政府对发展体育旅游的基础设施的供给方面。体育旅游的发展首先以一定的基础设施为条件。旅游企业一般只关注旅游娱乐设施和辅助设施的投资，而道路交通、公共卫生、医疗设施等公益设施都需要由政府来提供。这种投资的多少将影响到体育旅游目的地的可进入程度，从而影响体育旅游对当地经济发展的促进作用。

5. 政府与体育旅游产业政策影响

政府对体育旅游的经济影响还表现在政策制定方面。支持体育旅游发展的政策会提供良好的法制环境和投资环境，能充分保障旅游投资企业的利益，并给予适当优惠，以此来吸引企业投资，增加体育旅游产品的供给。

6. 从事体育旅游的旅游者类型

旅游者作为旅游需求的主要方面对旅游经济有很大的影响。旅游者数量越多、消费水平越高，对目的地的经济影响就越大。例如，体育旅游消费的群体中，白领最多，其次是学生，还有少部分商务人士等。白领和商务人士消费能力高，在消费过程中对价格不太敏感，这类旅游者较容易增加当地体育旅游商品的销售收入；学生消费能力较低，更多的追求是放松和娱乐，不会为获取某件商品而花费太多的金钱，对当地体育旅游商品销售收入影响也就不会太大。因此，不同体育旅游者的类型所带来的经济影响也不尽相同。

二、体育旅游经济影响力的评价和分析

（一）具体评价依据

1. 对体育旅游客源市场的影响

项目组成立了专门调研组对上海市及周边地区行政主管部门（上海市文化和旅游局、上海市体育局、衢州市体育局等）、体育旅游相关企业（中国乒乓球博物馆、上海美帆游艇俱乐部、绿创森林运动有限责任公司等）

进行了调研，收集了大量一手和二手的资料和数据。此外，结合体育旅游大数据快速发展的新形势，项目组专门采集了来自中国产业研究院、政府以及占大量市场份额的携程旅行网、马蜂窝旅行网、途牛网等相关数据。数据显示，从客源地来看，上海市主要体育旅游客源市场集中在南京、杭州、北京、天津等城市，均属长三角和京津冀经济圈；从旅游类型来看，上海市的主要体育旅游客源市场集中在体育观赛游和国内户外游。

上海作为中国一线城市，用户对体育旅游热情较高，以具有稳定收入的公司职员为代表的白领运动爱好者，成为体育旅游消费的主力群体，在整个旅游消费群体整体结构中占53%。此外，学生一族以33%的比例，位列第二（图6.3）。从年龄分布上来看，21~40岁约占62%，领先于其他年龄层。此外，在整个人群中，女性占到六成。

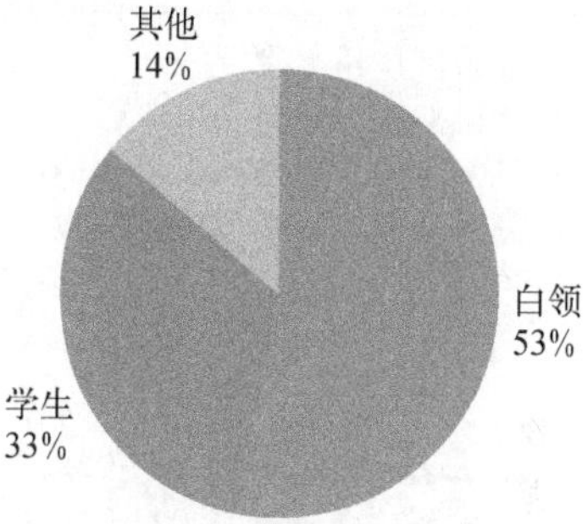

图6.3 体育旅游消费的群体结构类型

2. 对区域经济发展的影响

对区域经济可能产生重大影响的体育旅游项目，可以从区域经济发展、产业空间布局、当地财政收支、社会收入分配、市场竞争结构以及是否可能导致结构失衡等角度进行分析评价。

3. 对旅游行业经济的影响

主要分析旅游行业基本现状，拟建体育旅游项目在行业中地位，对所在行业及关联产业发展、结构调整、行业垄断等的影响。具体可以参照考察以下方面：① 投资规模巨大、建设工期较长（横跨5年甚至10年规划）的体育旅游项目；② 在国民经济和社会发展中占有重要战略地位，体育旅游项目实施对所在区域或宏观经济结构、社会结构或相关群体利益格局等产生较大影响；③ 体育旅游项目实施会带来技术进步和产业升级，引发关联产业或新产业的产生和发展；④ 体育旅游项目对生态及社会环境影响范围广，持续时间长；⑤ 体育旅游项目对国家经济安全产生影响；⑥ 体育旅游项目对区域或国家长期财政收支产生较大影响；⑦ 体育旅游项目的投入或产出对进出口影响较大；⑧ 体育旅游项目能够对区域或宏观经济产生其他重大影响。

（二）SWOT分析

在20世纪80年代，我国把SWOT分析主要应用于企业市场营销，20世纪90年代开始移植应用于旅游发展与规划。旅游发展与规划中，旅游地的经济发展分析也是旅游地开发和战略经营管理中的一个关键问题。它的分析需要像SWOT这样的综合定性技术方法支持，才能使分析全面有机地进行。通过SWOT分析,上海市体育旅游经济发展对所处环境带来的机会威胁,对自身的优劣势有了更清晰的认识,为下一步制定具体的发展措施与规划提供了有力的依据(表6.7)。

表6.7 上海市体育旅游对经济影响的SWOT分析

优　　势	劣　　势
1. 经济区位优势明显 2. 旅游业态特色鲜明 3. 良好的体育旅游产品及服务品牌经营 4. 高端完善的城市基础设施设备 5. 依托政府优势,强有力的资金和技术支持	1. 体育旅游国际知名度不够 2. 投资大,日常管理运营费用较高 3. 体育旅游产品服务同质性高,具有可复制性 4. 部分体育旅游产品价格较高 5. 体育旅游业态开发不足
机　　遇	威　　胁
1. 享有长三角地区开发的优惠政策,加大体育旅游项目的开发与建设力度,海内外资金投入上海市体育旅游开发中 2. 交通、通信、生态、城建等基础设施改善 3. "一带一路"的建设带动了中外游客数量增加	1. 国内外竞争激烈,潜在竞争者不断增多 2. 经济大环境的不景气影响游客数量 3. 旅游淡旺季影响明显 4. 体育旅游业属于新兴产业,发展经验欠缺,部分核心问题和困境还需进一步研究和探讨

劣势改善:① 与国内外知名的旅行社、宣传媒体进行合作,快递扩大知名度,将上海市体育旅游的品牌形象推广出去;② 注重体育旅游产品创新,保证高端专业的服务质量,通过宣传培养体育旅游消费者接受并建立部分体育旅游产品高端的价格,享受高端服务的消费意识;③ 开发体育旅游市场需求,建立新的盈利模式,与上海当地知名的旅游景区进行合作,共同开发新型的体育旅游业态。

降低威胁:① 发展省外以及国外游客市场,要积极拓展上海本地市场,使收入来源多样化的同时提高知名度,使上海市体育旅游淡旺季都能有固定的收入;② 利用网络的便利性,启发话题性,吸引游客注意,引起游客好奇心,有效增加客源量;③ 进行高效媒体公关,使客源市场更多地了解体育旅游的产品与服务,加强体育旅游消费需求。

第四节　上海市体育旅游未来发展及展望

一、未来发展战略构建的宏观思路

通过对上海市体育旅游经济影响因素以及相关SWOT分析,上海市体育旅游目前为发展型战略模式,外部有机会,而内部条件不佳,宜采取先稳定后发展战略。为增强上海市体育旅游经济的竞争力,拟采取如下发展战略:以政府为导向,整合自身和周边体育旅游资源,发挥上海市的区域经济优势,在上海市政府重视体育旅游业发展、愿意提供政策支持的大前提下,必须重新调整体育旅游业态,整合体育旅游产品及服务,发挥上海市体育旅游资源的优势,达到共赢的目的。

1. 客源市场战略——专一经营化

必须将目标集中于特定的体育旅游消费者群体、特定的地域市场或者特定的体育旅游产品,从而能够根据特定的市场细分提供更好的市场服务。上海市的对外开放程度较高,潜在的体育旅游消费群体庞大,必须对其进行市场细分,然后针对不同的群体做出不同的营销策略。

2. 产品创新战略——对原始体育旅游产品进行组合升级

针对上海市体育旅游产品和旅游业态内涵待丰富的状态,必须对其体育旅游产品进行创新,或是重新组合、创新组合,以达到吸引潜在消费群体,刺激其产生购买欲望的作用。

3. 营销战略——创新体育旅游营销和宣传

对体育旅游产品进行了重新组合后,必须转变经营理念,不断宣传。只有不断传播,让潜在消费者接触到体育旅游产品信息,才能刺激旅游者的消费欲望,体育旅游产品才有可能销售出去。所以,上海市必须继续加大宣传力度,创新营销方式,拓宽销售渠道,特别是其在网络上的营销。

4. 体育旅游品牌战略——形象与服务的塑造

上海市正在积极打造自己的体育旅游品牌,借此契机也可以打造一个属于自己城市的独特形象,来扩大宣传和影响力度,特别强调独特的体育旅游体验、独特的服务理念和独特的运动环境享受。

5. 人才战略——培养专业的管理人员和服务人员

针对上海市体育旅游发展的问题,对管理和服务人员的专业素养要高要求,为了让旅游者对上海市体育旅游产品有最直观的体验和感受,必须要培养一批高素质的管理人员和服务人员。

二、具体措施与展望

体育旅游在我国是新兴的事物,在发展规划上与西方发达国家还存在一定的差距,但是随着政府的大力支持和人们旅游需求的增长,必然会取得长足的发展。通过对上海市体育旅游影响因素及存在的主要问题的分析,可以针对上海市体育旅游发展的现状,做出以下几点合理的规划与措施。

(一)构建完善的上海市体育旅游产业体系

上海市作为世界著名旅游城市建设的进程取得了阶段性成果,旅游产业对城市经济社会发展的贡献率日益提升。上海市副市长陈群介绍,近年来,上海旅游积极融入城市建设总体布局,旅游供给进一步丰富和优化,旅游产业规模持续扩大,质量效益逐步提升。上海"体育+旅游"产业融合发展大格局已基本构建。按照"综合产业综合抓"的要求,上海市政府成立了市旅游发展领导小组,全市各部门、各行业、各区域联动发展,形成合力,构建起旅游业与体育产业融合发展的"旅游产业体系"。

1. 推动体育旅游的"大众化"

我国的体育旅游起步较晚,还没有形成相当的产业规模,普通大众对体育旅游的认知度不高,而且部分体育运动如高尔夫、游艇等还是一项费用昂贵的运动,大多数普通大众难以消费,因此就更难提及体育旅游了。如果要发展上海体育旅游首要的就是要把体育运动"大众化"。为了体育旅游的可持续发展,应该考虑在国家大方向上全面发展全民健身运动。这样体育旅游才达到真正意义的产业化,而不是高高在上的休闲活动。大众化程度提高就会大大增加上海体育旅游的客流量,从而加速体育旅游的发展速度。

2. 高度重视多市场策略,加强与有关中介组织的合作

从总体上看,体育旅游市场具有全球性特征。上海市体育旅游的客源市场多集中在日、韩和港澳台地区,发展体育旅游应高度重视多市场策略,不仅要吸引国内和其他亚洲地区游客,还要把目光放在欧美。尽管与国内和亚洲市场比,欧美的人数目前较少,但是面向全世界的市场策略将使上海体育旅游市场立于不败之地。如国内及其他亚洲旅游市场紧缩,欧美市场将会形成巨大的支撑。发展体育旅游还要积极与各种类型的中介组织合作,如国际高尔夫旅游经理人组织以及一些推进公共关系合作的协会等。那些推进公共关系合作的协会社交网络大、层次高、影响力强,与其合作就可通过他们来宣传,并向有关企业、组织、特定群体进行公关,招揽客源。

3. 合理规划体育旅游景区,提高其附加值

提高体育旅游景区的附加值关系到政府部门对土地使用的科学决策。同时,景区的建造还可以改善周围的环境,吸引房地产业的投资,减少政府对绿化的投入以及对水资源的合理利用。另外,要引进国际化管理,吸取国际上先进的管理规划经验。随着相关政策文件的颁布,体育旅游项目建设的标准逐渐向国际化水平靠拢,同时又对周边的酒店、度假村、房地产的配套设施加以完善,提升自身的吸引力和竞争力。

4. 打造体育旅游产业链,推动体育旅游营销

体育旅游应借助上海大旅游产业的营销平台,拓宽营销渠道。凭借时尚的意象,强化上海市时尚高端的形象;凭借国际化运动的优势,提升上海旅游国际化形象。扶持体育旅游及相关旅游企业发展,在增加业态数量、类型的同时,完善配套产业,延伸体育旅游产业价值链。借助国际级/国家级

体育赛事,进行上海城市的综合营销。体育旅游还可以与邮轮旅游共同构成旅游线路,向海外游客展现时尚、国际化的上海。上海市政府和相关协会联合日本、韩国、美国及欧洲的国家和地区的政府、体育旅游组织、体育旅游企业等,建立"体育旅游友好城市"关系。组织特色体育旅游线路,并通过政府、体育旅游协会、企业、旅行社等的共同努力,纳入国际体育旅游营销系统中。

5. 充分研究上海市体育旅游与其他产业融合关联度

要使体育旅游与文化创意、工农业、房地产业、影视业、金融业、交通业、电子商务等产业相互融合、渗透和嫁接,总结出本区域旅游新业态发展的特点。通过产业间的关联融合,实现产业的集群化发展,使产业间实现协同发展、创新发展。

(二)完善上海市体育旅游业态规划

发展现代体育旅游业在上海市区域旅游战略中具有先行性的牵引作用。为充分挖掘上海市丰富而深厚的体育旅游资源,应重视在制定规划、完善政策、理顺体制、活化机制等方面实现新突破。在上海市体育旅游新兴业态规划中可以注重以下几方面。

1. 要把握住上海市新型体育旅游业态发展的趋势

本区域可以重点发展的新型旅游业态形式主要体现在高端运动俱乐部、运动主题公园、体育旅游小镇、专业竞技赛事运动、体育文化节庆等,并且通过体育旅游重点项目的带动,辐射整个上海市区域旅游业的发展。

2. 有效优化上海市体育旅游业态结构

以本区域现有的和潜在的体育旅游业态为线索,从旅游餐饮业、旅游饭店业、旅游交通运输业、旅游文化娱乐业、旅游购物业、旅行社业、景区(点)业等方面对上海市体育旅游业态发展进行更为全面的发展,提出具有针对性的体育旅游业态发展及结构优化的策略和对策。

3. 发展以体育特色小镇概念为中心的旅游

2017年以来,体育特色旅游小镇成了体育产业发展新动力热议话题。2017年5月,国家体育总局下发《体育总局办公厅关于推动运动休闲特色小镇建设工作的通知》,正式启动了运动休闲特色小镇建设工作。运动休闲特色小镇是在全面建成小康社会进程中,助力新型城镇化和"健康中国"建设,以运动休闲为主题打造的具有独特体育文化内涵、良好体育产业基础,集运动休闲、文化、健康、旅游、养老、教育培训等多种功能于一体的空间区域、全民健身发展平台和体育产业基地。在我国,以体育为核心特色的体育小镇与体育旅游项目建设均有较大发展的空间。

在中国的大环境下,体育特色小镇是实际意义上的以体育为主的休闲功能区,突出“体育业+旅游业”的特点。未来,体育小镇建设将以吸引年轻运动势力为主、普及各类人群为辅的原则,打造赛事IP,发展多维度“体育+”旅游产业。我国居民日益增长的体育运动需求与旅游需求成为体育小镇发展的基础,体育小镇的休闲功能化也会进一步催热体育旅游的热潮,推动我国旅游市场向休闲深度游转型进程。

4. 打造精品体育赛事旅游产品

以国际精品体育赛事为平台,打造融合体育赛事、歌舞、杂技、多媒体为一体的体育赛事旅游吸引物。围绕赛事举办场馆,打造融商、旅、文、体联动发展的体育赛事旅游集聚区。比如,打造集观赛、运动休闲、观光旅游、精彩演出、车迷交流为一体的F1上海狂欢节,谋划F1车迷营地等活动。赛事旅游成为体育旅游市场发展新风尚,赛事旅游分为观赛型旅游和参赛型旅游。观赛旅游一般是以职业化水平高的体育赛事为主要旅游吸引点,吸引了大批旅游者去举办地观赛旅游。参赛型旅游产品一般在职业化水平不高的赛事项目上,适合普通人参与,如马拉松等。

5. 参与性体育旅游项目成为发展新领域

越来越多的旅游景区正积极拓展体育旅游项目,与国内旅行社结合打造健身休闲项目,利用体育赛事来营销景区,树立景区的新形象。常态化的体验型体育旅游活动和景区型体育旅游活动才是市场发展的主流。同时,也要积极探索体育研学旅游的开发,因为体育研学旅游市场规模日益庞大,也将成为未来的发展趋势。

6. 建立临港休闲与体育旅游休闲功能区

以深化推进上海自贸试验区制度创新与浦东建设国际航运中心核心承载区联动发展为动力,利用上海美帆游艇俱乐部国际化程度运营及赛事管理国际帆船规划研究与实践,建立包括临港国际帆船港体育综合体、水上运动赛事、营地教育等。采用高科技先进而独特的运营理念打造国际帆船港。同时利用公共水系和服务系统,构建区域水上休闲游憩系统。在国际帆船港和公共休闲游憩系统同步全域发展的基础下,吸引地产和文旅集团共同打造核心集聚区,从而为政府和企业在区域文旅体和休闲游憩融合发展政策和措施提供有效依据,也是构建和谐社会的至关重要点。

（三）提升上海市体育旅游整体核心竞争力

培育一批世界级体育旅游精品。以增强体育旅游核心竞争力为目标,科学布局体育旅游项目,优化提升重点区域,打造城市体育旅游新形象。提升体育旅游业综合贡献度。以高质量发展为核心要求,全面实施“体育+旅游”深度融合战略,持续扩大体育旅游消费,大力实施全域旅游发展战略。

1. 引领健身休闲旅游发展

以群众基础、市场发育较好的户外运动旅游为突破口，重点发展山地户外旅游、水上运动旅游、旅游新产品、新业态。加强体育旅游与文化、教育、健康、养老、农业、水利、林业、通用航空等产业的融合发展，培育一批复合型、特色化体育旅游产品。积极推动各类体育场馆设施、运动训练基地提供体育旅游服务。鼓励企业整合资源，突出特色，建设体育主题酒店。

2. 培育赛事活动旅游市场

支持各区举办各级各类体育赛事，丰富赛事活动供给，打造赛事活动品牌，盘活体育场馆设施，提升配套服务水平，重点发展足球、篮球、排球、乒乓球、羽毛球等市场化程度高的职业体育赛事，以及滑雪、马拉松、自行车、山地户外、武术等市场基础好的群众性体育赛事活动，促进体育赛事与旅游活动紧密结合。引导旅游企业推广体育赛事旅游，鼓励旅行社结合国内体育赛事活动设计开发体育旅游特色产品和精品线路。支持发展具有地方特色、民族风情特色的传统体育活动，推动特色体育活动与区域旅游项目设计开发、体育文化保护传承和民族地区的体育旅游扶贫相结合，打造具有地域和民族特色的体育旅游活动，分期分批推出全国重点体育旅游节庆名录。

3. 培育体育旅游市场主体

扶持特色体育旅游企业，鼓励发展专业体育旅游经营机构。推动优势体育旅游企业实施跨地区、跨行业、跨所有制兼并重组，打造跨界融合的产业集团和产业联盟。支持具有自主知识产权、民族品牌的体育旅游企业做大做强。加快“引进来”和“走出去”的步伐，培育骨干体育旅游企业。鼓励利用场地设施，专业人才组建体育旅游企业，开展体育旅游业务。推进连锁、联合和集团化经营，实现体育旅游企业规模化、集团化、网络化发展。在合法合规的前提下，鼓励成立单项体育旅游组织和团体，引导各类体育俱乐部规范、有序、健康发展，培育一批具有较高知名度和市场竞争力的体育旅游企业与知名品牌。加强体育旅游行业协会建设，搭建政府与企业沟通渠道。

4. 提升体育旅游装备制造水平

鼓励企业加强自主研发设计能力，不断提升建造品质，以满足大众体育旅游消费需求为主导，以冰雪运动、山地户外、水上运动、汽车摩托车运动、航空运动等户外运动为重点，着力开发市场需求大、适应性强的体育旅游、健身休闲器材装备。鼓励发展邮轮、游艇、房车等配套材料、设备及零部件制造，形成较为完善的配套产业体系。深化体育旅游装备相关标准规范研究，进一步健全完善设计建造标准规范体系。优化产业布局，支持国内优势企业开展国内外并购与合资合作，提升产业集中度，鼓励和引导地方发展一批以装备制造为主的国家体育旅游产业集聚区。鼓励器材装备制造企业向服务业延伸发展，培育形成一批体育旅游自主品牌和骨干企业。

5. 加强体育旅游公共服务设施建设

体育产业和旅游产业基础设施建设要向体育旅游倾斜，推动各地加大对体育旅游公共服务设施的投入。鼓励各地将体育旅游与市民休闲结合起来，建设一批休闲绿道、自行车道、登山步道等体育旅游公共设施。鼓励和引导旅游景区、旅游度假区、乡村旅游区等根据自身特点，以冰雪乐园、山地户外营地、自驾车房车营地、运动船艇码头、航空飞行营地为重点，建设特色健身休闲设施。加快体育旅游景区的游客集散中心、公厕、标示标牌、停车场等公共服务设施建设。推进体育旅游公共服务平台建设，充分利用旅游咨询、集散等体系为体育旅游项目提供信息咨询、线路设计、交通集散、赛事订票等服务。积极推动体育旅游保险。

6. 建立人才培养体系

鼓励和支持各地大力发展体育旅游教育，支持有条件的体育院校和旅游院校设置体育旅游相关专业，在旅游管理专业中增设体育旅游方向或增加相应专业课程，加快培养体育旅游经营管理人才、专业技术人才和服务技能人才。加强体育旅游从业人员培训，不断提高专业技能和服务水平。鼓励体育旅游企业与体育、旅游类院校合作建立体育旅游实习实训基地。将体育旅游内容纳入导游培训体系。加强体育旅游产业发展理论和实践研究，鼓励各地组建体育旅游专家库和高技能人才库，引导院校和科研机构为体育旅游提供智力支持。

（四）完善投融资机制，鼓励引导多元化资本参与体育旅游投融资

在发展体育旅游过程中，政府作为旅游投融资的主导部门，制定相应的投融资优惠政策，保持相关政策的长期稳定性，活跃旅游投融资市场，同时建立健全的关于旅游投资方面的法律法规，以抑制旅游投融资活动中的非理性行为和短期行为。创建单位可以利用财政资金设立体育旅游产业发展基金，或利用财政资金引导社会资金成立体育旅游产业发展基金，或鼓励大型旅游企业成立体育旅游产业发展基金，体育旅游产业固定投资机制基本形成。创建单位还可以成立国有“投融资平台”，发挥地方性金融机构的作用。也可以积极争取国债项目、国债贴息、扶贫基金项目、国家产业结构调整和发展基金的支持，统筹利用财政资金，提高资金的使用效能。政府也应鼓励和奖励体育旅游企业上市融资，积极培育体育旅游业上市公司。

综上所述，开发上海市体育旅游应力求做到理论与实际相结合，要具有较高的前瞻性和创新性，对今后上海市体育旅游项目策划生成、体育旅游精品项目建设、体育旅游目的地体系建设、旅游项目体制创新应具有战略指导意义，同时在世界级体育旅游品牌打造、体育与旅游融合、体育休闲度假建

设、体育生态休闲开发、体育旅游新业态培育等方面实现新的规划突破，对丰富上海市体育旅游产品体系，推动新型体育旅游产品体系建设，加快推动上海体育旅游产业的转型升级将具有重要的影响。同时在具体运作过程中还要解决可能遇到的税收、土地政策、发展专项资金、市场宣传以及企业经营管理等相关问题。

思考与讨论

1. 上海市发展体育旅游的重要意义是什么？上海市发展体育旅游具备哪些基础条件？

2. 上海市体育旅游资源的特征有哪些？上海市体育旅游资源都有哪些类型？

3. 上海市发展体育旅游的积极和消极影响是什么？上海市体育旅游发展需要关注哪几种核心要点？

4. 试分析上海市体育旅游发展经济受影响的主要因素及具体评价依据。

5. 上海市体育旅游未来发展战略构建的宏观思路有哪些？

6. 请谈一下上海市体育旅游业未来发展的具体措施。

第七章 体育旅游城市影响力评价探究——以武汉市、贵州省为例

第一节 体育旅游城市影响力评价指标体系

体育旅游产业属于一个有机整体,在面对体育旅游发展过程中存在的诸多潜在问题时,必须对体育旅游的发展沿革与现状做出系统性、层次性的把握,这就对体育旅游评价指标体系的完备性与可测量性提出了要求。一个设计合理的体育旅游评价指标体系能够反映出被评价地区体育旅游的整体发展进程,确定被评价地区需要解决的关键问题,使决策者关注优先发展领域,以便有针对性地进行决策调整。体育旅游城市影响力评价指标体系对于我国体育旅游平稳发展的重要性不言而喻。

时至今日,生态位理论已经广泛应用于区域旅游、旅游地理、旅游资源等领域的研究中。然而,体育旅游背景下的生态位研究似乎被我国学者忽略了。正如旅游目的地竞争力评价模型不能原封不动地直接应用在体育旅游评价领域之上,将生态位理论从区域旅游引入体育旅游领域的可行性也必须予以检视。

本章尝试将生态位理论引入体育旅游影响力评价,运用生态位态势理论对武汉市体育旅游发展动力和发展阶段进行评估;运用生态位重叠理论对贵州省内各市的体育旅游空间布局和区域协作进行分析,借助生态位扩充与错位等策略,找到符合城市自身的体育旅游发展定位,检视生态位理论应用于体育旅游领域的可行性。

一、相关文献综述及理论基础

(一) 文献综述

1. 体育旅游竞争力研究

我国最早着手研究体育旅游竞争力的学者是刘辉,他在文章中对体育

旅游资源核心竞争力的内涵进行了界定:“体育旅游资源的核心竞争力应该是体育旅游资源所具有的独特的、无法被模仿的内在‘技能’,这种‘技能’蕴藏在体育旅游资源所独具的体育文化中。它具有延展性、无法被模仿、难以被替代,可以为体育旅游资源打造持续的竞争优势;它还具有整合性,整合体育旅游资源各种竞争优势,使其成为一个有机的能力体。”他认为体育旅游资源核心竞争力的构成分为 3 个维度: 体育文化、广泛参与性、地方与民族传统特色,其中体育文化又包括了绿色生态理念、健身文化和竞技体育文化。钟学思利用因子分析法构建了广西 14 个地级市少数民族体育旅游竞争力评价指标体系,该体系分为 5 部分,分别是城市综合实力、城市旅游服务水平、城市旅游发展规模、城市环境质量、少数民族体育资源禀赋指数。于锦华以波特五力模型为基础,提出了体育旅游目的地竞争力的 5 大组成部分: 体育旅游目的地供给方的议价能力、潜在体育旅游目的地进入者的竞争、体育旅游目的地需求方的议价能力、可替代体育旅游目的地产品或服务的竞争、体育旅游目的地现有竞争者的竞争,并且给出了体育旅游目的地竞争力的提升途径。张强和郜鹏飞以山东省滨海城市为例,从体育旅游资源保障力、旅游业绩竞争力、社会经济运行力、基础设施支撑力和生态环境支撑力 5 个维度构建了 40 个评价指标,并对山东省滨海城市进行了评价分析。张铁明等对秦皇岛的 1 124 名游客进行关于游客感知视角下影响休闲体育旅游目的地竞争力的调查,结果显示: 游客视角下的竞争力影响因素包括体育活动项目感知、基础条件感知、总体满意度感知和旅游专业服务感知。该研究别出心裁地选择了游客视角作为评价体育旅游竞争力的新视角,具有较强的指导意义。阳红林、郑然宅利用因子分析法构建了体育观光旅游竞争力评价指标体系,并对我国 31 个省及直辖市“体育+旅游”竞争力进行排位与分析。更多关于体育旅游评价指标体系的文献见表 7.1。

表 7.1　体育旅游评价指标体系综述

作者/文献名	指　标　内　容
潘月顺、马道强、穆瑞杰/《基于 AHP 和 FCEM 的体育旅游资源评价体系构建与实证研究》	3 个一级指标: 体育旅游价值、体育旅游资源条件、体育旅游开发条件。10 个二级指标: 体育活动观赏价值、体育活动参与价值、体育活动社会价值、资源基础条件、资源附加条件、适游性、安全性、生态环境条件、工程条件、客源条件
陈璇/《滨海体育旅游资源评价指标体系的构建——基于 AHP 层次分析法》	3 个评价综合层: 滨海体育旅游资源价值、地理环境氛围条件、滨海体育旅游开发条件。14 个评价项目层: 体育文化价值、观赏价值、康娱价值、体育教育价值、景区景点组合、环境容量、环境质量、环境保护条件、安全性、区位条件、区域经济发展水平、旅游服务、基础设施、客源市场条件

续表

作者/文献名	指标内容
崔瑞华、徐静、王泽宇、钟敬秋/《中国沿海地区滨海体育旅游竞争力评价》	4个要素层：旅游业绩竞争力、旅游资源保障力、经济发展支撑力、生态环境支撑力。20个指标层：国际旅游外汇收入、接待入境旅游人数、国际旅游外汇收入比重、海岸线长度、海洋自然保护区面积、滨海湿地面积、地区交通可达性、旅客周转量、星级酒店数量、旅行社数量、万人拥有的卫生机构床位数、旅游从业人员数量、旅游院校学生数量、人均地区生产总值、第三产业比重、全社会固定资产投资额、城镇人均可支配收入、工业固体废弃物综合利用量、建成区绿化覆盖率、人均公共绿地面积
刘华芝/《体育旅游目的地竞争力的评价指标体系研究》	3个一级指标：体育旅游引力因素、体育旅游实力因素、体育旅游潜力因素。8个二级指标：自然体育旅游资源、人文体育旅游资源、体育旅游成本、旅游产业规模、旅游产业业绩、体育旅游目的地管理、辅助性因素、体育旅游环境

总的来说，我国目前对于体育旅游竞争力的研究存在研究视角单一的问题。我国绝大部分针对体育旅游竞争力的研究都处于顶层设计的视角，从宏观的角度开展研究，仅张铁明等从游客感知视角出发，对体育旅游竞争力进行探讨，指标体系构建缺乏理论基础。我国大部分学者所构建的评价指标体系结构缺乏理论支撑，且未咨询过相关领域专家，导致评价指标体系建构不合理，在实际应用指标体系的过程中可能会遇到各种问题。指标筛选过程不严谨，甚至部分文献没有进行指标筛选这一环节，会对评价指标体系的效度产生影响。

体育旅游产业在我国属于新兴产业，无论在实践领域还是研究领域均存在诸多空白。到目前为止，我国体育旅游目的地竞争力评价的相关研究较为匮乏，其中多为针对某类体育旅游的评价指标体系研究，例如滨海体育旅游竞争力评价、体育旅游人文资源评价等，缺乏综合性的、一般化的体育旅游目的地竞争力评价指标体系。

2. 旅游生态位研究

生态位理论是生态学中最成熟的理论之一，后期被其他学科所借鉴，广泛应用于信息学、旅游学、管理学等学科的实证研究中。我国对于旅游生态位的研究最早始于2001年，在2008年开始逐渐被旅游界学者普遍接受，目前旅游生态位研究尚处于发展期。

我国旅游生态位研究的早期主题集中在生态位理论与旅游学理论的融合上，学者们从不同角度探讨生态位理论应用在旅游学研究当中的可行性。黄芳发现旅游区划的重叠与交叉同生态位的重叠具有相似性，因此于2001年首次尝试将生态位理论应用在旅游学中。随后，祁新华引入生态位宽度、生态位重叠与分离、生态位扩充与压缩的概念来研究旅游可持续发展问题，为之后的旅游生态位研究建立了基本思考框架。邹仁爱正式定义了旅游地生态位的概念,并解释了生态位态势理论、生态位重叠理论、生态位扩充理论应用于旅游研究的内在原理和具体方法,为旅游生态位的量化研究打下理论基础。

随着理论的不断丰富,学者们开始尝试将旅游生态位理论应用于实证研究中,我国的旅游生态位研究进入了第二个阶段。祁新华等应用生态位态势理论计算了安徽省黄山、九华山、齐云山的生态位宽度,根据计算结果提出相应的发展策略。向延平等应用 Pinka 公式对张家界主要景区进行了生态位重叠度分析。陈娟将生态位扩充理论应用到丽江地区的旅游生态位测算中,为旅游生态位理论打开了一个新视角。陈玲玲和潘鸿雷第一次将目光放在了旅游地生态位构建及其发展竞争过程上,从物种生态位构建出发,分析生态位构建在旅游地发展及竞争中的作用。该研究的价值在于开辟了旅游生态位研究的新方向,从生态位构建的角度探索旅游地发展策略,但该研究至今并未得到学界关注。

总结我国旅游生态位近二十年来的研究成果,在理论应用上,对于生态位宽度理论、生态位重叠理论、生态位态势理论、生态位扩充理论的应用已经较为成熟,而在生态位构建理论、生态位适宜度理论的应用上还未成熟。研究对象上,则多以单一旅游地或跨区域旅游地竞合研究为主。总的来说,虽然发展时间不长,但我国的旅游生态位研究已经取得了一些值得借鉴的成果。因此,本章借助发展较为成熟生态位重叠理论与生态位态势理论,对武汉市、贵州省的体育旅游城市影响力进行分析与评价。

(二)理论基础

生态位理论(niche theory)是现代生态学科中的重要基础理论,基本内容包括生态位宽度理论、生态位适宜度理论、生态位态势理论、生态位重叠理论等。

1. 生态位概念的界定

1894 年,美国学者 Streere 在研究鸟类物种分居现象时最早发现了"生态位"现象,但并未进行进一步研究。美国学者 R.H. Johnson 于 1910 年最早使用了"生态位"一词,但并未对生态位概念进行明确定义。1917 年,美国生态学家 J. Grinnel 首次对生态位一词进行了解释:"一种生物在环境中的地位。"Grinnel 的定义侧重于从空间的角度解释生物的分布状况,因此称之为空间生态位(spatial niche)。1927 年,Charles Elton 从动物在群落中的功能角度出发,提出了功能生态位(functional niche)。1957 年,学者 Hutchinson 提出了较为现代的多维超体积生态位(multidimensional hyper-volume niche),该定义认为生态位是生物对环境变量的选择范围,而生物对环境变量的需求是多维的,包括温度、湿度、光照条件等,因此可以将生态位看作一个多维空间,在该生态位限定范围内的任意一点上,该生物可以生存和不断繁殖。以上三种生态位定义被认为是最具代表性的生态位概念，在此之后虽然学界对定义问题仍存在争议，但其基本内涵已经被以上三种定义囊括在内了。

2. 生态位宽度

生态位宽度是生态位理论中的测度指标之一，Hurlbert 将生态位宽度定义为物种利用或趋于利用所有可利用资源状态而减少种内个体相遇的程度。Smith 将生态位宽度定义为在生态空间中沿某些直线生态位的全部距离。生态位宽度的大小决定了生物对资源的占用能力以及其在群体中的作用，生态位宽度越大，说明该生物拥有的资源数量越多，在群体中处于竞争优势地位，竞争力越强。

在旅游生态位中，生态位宽度则表示城市旅游业维持和发展所需要的各种资源的总和。同理，生态位宽度越大，表示该城市所占用的旅游资源就越多，在资源总量小于各地区资源需要量之和时，该地区旅游业在竞争中处于强势地位，更容易与其他地区发生竞争；生态位宽度越小，表示该城市所占用的旅游资源就越少，在资源总量小于各地区资源需要量之和时，该地区旅游业在竞争中将处于弱势地位，但更不易与其他地区发生直接竞争。

3. 生态位态势

生态位态势理论指最早由我国学者朱春全于 1997 年提出，该理论认为，生态位是由生物单元的“态”与“势”组成的。“态”表示生物单元的能量、数量、占有资源量等；“势”则表示生物单元在特定生态系统种的影响力和竞争力，通过增长率、生产力等指标表现出来，反映了生物单位对环境的影响能力。

生物单元态的变化一般呈“S”形曲线，而势的变化则呈钟形（“P”形）曲线。朱春全通过“态”与“势”的动态变化关系，将某一生物单元所处的生命周期分为成长期、稳定期、衰退期。邹仁爱将生态位态势理论应用于旅游学，与旅游地生命周期理论相结合，将旅游地生态位的演变分为成长阶段、成熟阶段、滞缓阶段（图 7.1）。

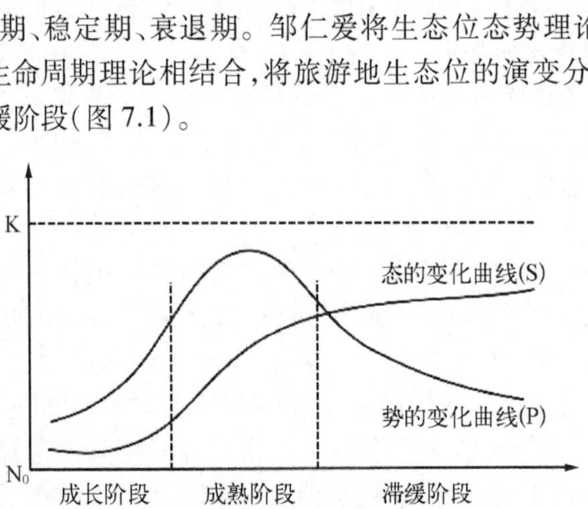

图 7.1　旅游地生态位的演变

当某一旅游地处于成长阶段，其生态位具有很强的发展潜力，虽然旅游地的“态”尚且不高，但发展之“势”的增长速率却处在生命周期中的最高阶段，具体表现为旅游收入高速增长，产品开发速率快。经过一段时间的高速发展，旅游地进入成熟阶段，“态”与“势”趋于顶点，同时趋于稳定，具体表现为旅游资源的高效利用、基础设施的完善等。如果该旅游地在成熟阶段内没有采取开发新资源或引进新旅游项目等生态位扩充手段，该旅游地将会在生态容量 K 的制约下进入滞缓阶段，“态”与“势”的增长速度迅速放缓，甚至出现负增长，具体表现为旅游地无创新、旅游业收入下降、投资减少等。

根据生态位态势理论，生态位宽度是该生物单位态与势之和与其群体态势之和的比值。因此，某生物单元的生态位宽度可以用以下公式计算：

$$N_i = \frac{(S_i + A_i P_i)}{\sum_{j=1}^{n} (S_j + A_j P_j)}$$

式中，$i, j = 1, 2, \ldots, n$，N_i表示某一生物单位 i 的生态位宽度，S_i表示生物单元 i 的态，P_i表示生物单元 i 的势，S_j表示生物单元 j 的态，P_j表示生物单元 j 的势，A 为纲量转化系数。

将生态位态势理论应用在旅游地生态位中，可以将 N_i 视为某一旅游地 i 的生态位宽度，S_i表示旅游地 i 的态，P_i表示旅游地 i 的势，S_j表示旅游地 j 的态，P_j表示旅游地 j 的势，A 同样为纲量转化系数。其中，旅游地的生态位宽度指该地在特定旅游竞争空间内占据的资源与地位，旅游地的态是指该地的旅游资源、经济水平、基础设施等条件的现状，代表着该旅游地的现实状况。而旅游地的势指的是该地的经济增长率、旅游人数增长率、旅游企业更新率等因素，代表着该旅游地的发展潜力与对其他区域的影响能力。

旅游地的生态位的构成往往是多维度的，由经济生态位、旅游资源生态位、市场条件生态位等共同构成，因此，对于综合生态位的计算还必须应用以下公式：

$$M_j = \sum_{i=1}^{n} N_{ij} W_i$$

式中，M_j表示旅游地 j 的综合生态位宽度，N_{ij}表示旅游地 j 的第 i 项指标因子的生态位，W_i表示第 i 项指标因子权重。

4. 生态位重叠

生态位重叠指的是处于同一生态环境内的两个或两个以上生物单元对于同一资源的共同需求。资源充足时，单纯的生态位重叠并不会引发竞争。当资源缺乏或环境容量有限时，生物单元之间的竞争就会出现，生态位重叠的维度数越多，生态位重叠度越高，竞争就越激烈。

在旅游地生态位中，各旅游地之间同样会出现生态位的重叠。各旅游地之间存在着或紧密或稀疏的联系，相互之间的资源、市场、设施、信息、服务、品牌等要素或多或少地存在着相似与共享。旅游地生态位间重叠的维度数越多，重叠度越高，旅游地间的竞争就越激烈。因此，通过计算旅游地生态位的重叠度以识别该旅游地的竞争程度现状，可以起到指导该旅游地发展方向的作用。

生态位重叠度的计算公式有很多，本书采用 Levins 公式计算旅游地生态位重叠度：

$$O_{jk} = O_{kj} = \frac{\sum_{i}^{n} P_{ij}P_{ik}}{\sum_{i}^{n} P_{ij}^{2}}$$

式中，O_{jk}与O_{kj}表示旅游地j与旅游地k之间的生态位重叠度，P_{ij}与P_{jk}表示旅游地j与旅游地k对于资源i的占用部分。该公式可以计算出旅游地之间在单一维度上的生态位重叠度，在多维度的生态位重叠度计算中，需要综合考虑各维度间的关系，以各维度间是否相互独立为判断标准，可以选择和 a 法或者积 a 法。

当各维度间相互独立，不存在关联时，采用和 a 法计算：

$$O_{jk}^{S} = O_{kj}^{S} = \prod_{d}^{n} O_{jkd}$$

当各维度间存在关联，相互不独立时，采用积 a 法计算：

$$O_{jk}^{S} = O_{kj}^{S} = \frac{\left[\sum_{d}^{n} O_{jkd}\right]}{n}$$

式中，O_{jk}^{S}与O_{kj}^{S}表示旅游地j与旅游地k之间的综合生态位重叠度，O_{jkd}表示旅游地j与旅游地k之间在d维度上的生态位重叠度。

二、体育旅游城市影响力评价指标体系的建构依据

（一）体育旅游城市影响力评价指标体系的建构思路

第一步，通过查找旅游目的地评价指标体系、体育旅游竞争力相关文献，总结整理出体育旅游城市影响力评价指标池。第二步，进行指标粗筛：邀请体育旅游领域、评价指标体系领域专家对指标池中所有指标进行初步筛选，筛选方法使用半数原则，即让专家对某一指标直接进行删除或保留的二选一判断，将问卷汇总后，删除半数及以上专家认为应该删除的指标，保

留半数以上专家认为应该保留的指标。再针对保留下来的指标进行归纳、分类、总结，初步建立指标体系。第三步，进行指标精筛：采用聚类分析法，结合理论分析进行指标精筛，通过指标精筛，最终可得到操作性、针对性、精简性较强的体育旅游城市影响力评价指标体系。第四步，根据最终得到的评价指标体系选择确定权重的方法，若指标总数小于20，则考虑采用集定性与定量优点为一体的层次分析法(AHP)，若指标总数大于等于20，则参考郑家鲲和黄聚云所选择的方法：1~10量化评分法，该方法相对于层次分析法来说，操作性和可行性更强，适合多指标的评级体系(图7.2)。确定各指标权重后，即得到完整的体育旅游城市影响力评价指标体系。

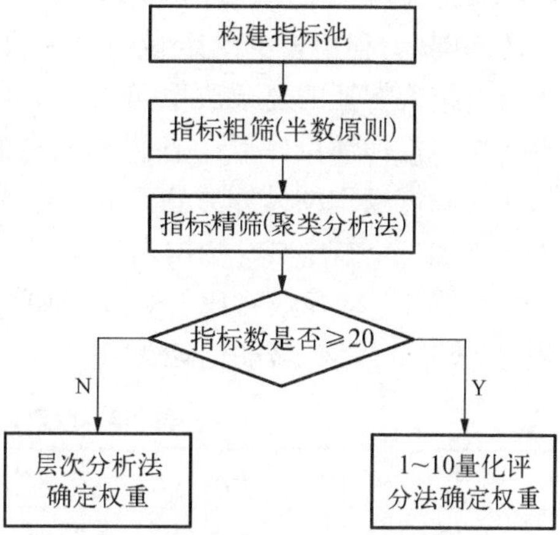

图7.2 体育旅游城市影响力评价指标体系建构流程图

(二) 数据标准化方法

逆向指标处理：对于逆向指标的处理，需要考虑指标的性质。本研究视情况采用取倒数或取相反数等方法来对指标进行正向化处理。

无量纲化处理：对于多指标评价体系，必须对性质和单位不同的指标进行无量纲化处理，使数据可比。本研究采用极值法来消除量纲，公式如下：

$$S_{ij} = \frac{X_{ij} - (X_j)_{\min}}{(X_j)_{\max} - (X_j)_{\min}}$$

式中，i代表评价对象，j代表评价指标，X_{ij}表示第i个评价对象的第j个指标值，S_{ij}为X_{ij}的标准化值，$(X_j)_{\max}$和$(X_j)_{\min}$分别代表第j项评价指标的最大值和最小值。

(三) 评价指标的筛选方法

半数原则：应用于评价指标粗筛阶段。对于某一评价指标，专家小组内半数以上专家认为应该予以保留该指标，则该指标通过第一轮筛选；若认为应该保留该指标的专家数量不足一般，则剔除该指标。

聚类分析法：以专家小组对各维度指标的打分为依据，使用组间连接的方法聚类，平方欧氏距离法测量类间距离，同时结合专家咨询意见，对各维度指标进行筛选。

（四）权重计算方法

层次分析法（AHP）具有定性与定量、主观与客观结合的特点，这种方法的本质是在对复杂的决策问题的本质、影响因素及内在关系等进行深入分析的基础上，利用较少的定量信息使决策过程数字化，从而为多目标、多准则或无结构特征的复杂决策问题提供简单的决策方法。该方法常常应用于多层次多指标评价体系中各指标权重的确定，本次研究选择采用层次分析法作为确定权重的计算方法。具体步骤如下。

步骤一：构建层次结构模型。

步骤二：构建成对比较矩阵，利用该矩阵可以反映出各个要素的重要性程度，表7.2是该矩阵的标准样式。

表7.2　成对比较矩阵样式

A_m	B_1	B_2	……	B_n
B_1	a_{11}	a_{12}	……	a_{1n}
B_2	a_{21}	a_{22}	……	a_{2n}
……	……	……		……
B_n	a_{n1}	a_{n2}	……	a_{nn}

其中a_{ij}表示对A_m而言，要素B_i对B_j的相对重要程度，对重要程度的评价采用1~9标度法，具体见表7.3。

表7.3　评 分 原 则

标　度　a_{ij}	定　　义
1	i因素和j因素同等重要
3	i因素比j因素略微重要
5	i因素比j因素较重要
7	i因素比j因素非常重要
9	i因素比j因素极度重要
2,4,6,8	为以上两判断之间的中间状态对应标度值
倒数	表示i因素比j因素不重要程度

步骤三：确定权重及一致性检验。在获得判断矩阵后，根据公式就可以计算出本层次各指标相对于上一层次某要素的相对重要性次序的权值了。一致性用CR表示，如果CR的值小于0.1，说明该数值的一致性符合应用标准，因此，只要一致性能达到既定的标准，那么权重分配结果是具有较高应

用价值的。本研究的层次分析计算与一致性检验均借助 MATLAB R2017a 实现。将成对比较矩阵导入软件,即得到各指标权重与一致性检验结果。

三、体育旅游城市影响力评价指标体系

(一)指标池的构建

1. 经济维度指标池

经济发展水平是评价体育旅游目的地的重要维度。一个旅游地的经济情况往往影响着当地消费市场的大小、旅游价格的高低、旅游资源的质量,以及基础设施的完善程度。通过阅读大量旅游目的地竞争力相关文献,在借鉴前人研究成果的同时考虑指标的可测量性。经过筛选后,本研究确定经济维度二级指标 2 个,分别是体育旅游经济支撑力、体育旅游经济贡献力。三级指标 12 个,其中选取了人均 GDP、人均可支配收入、第三产业比重、全社会固定资产投资额、国际旅游外汇收入 5 个指标反映体育旅游经济支撑力;选取了旅游产业总产值、旅游产业 GDP 比重、体育产业总产值、体育产业 GDP 比重、入境游客数量、旅游饭店客房平均出租率、旅游饭店客房平均房价 7 个指标反映体育旅游经济贡献力。

2. 文化维度指标池

国内外很多学者对文化进行定义,其中最经典的是英国文化人类学者在 E.B.泰勒,对文化所下的定义,他在《原始文化》说:"文化或文明,就其广泛的民族学意义来讲,是一复合整体,包括知识、信仰、艺术、道德、法律、习俗以及作为一个社会成员的人所习得的其他一切能力和习惯。"对于体育旅游目的地来说,将旅客吸引过来的可能是丰富的体育旅游资源,但让游客流连忘返的,一定是当地浓郁的体育文化。因此,文化同样是评价体育旅游竞争力的重要维度之一。经过筛选后,本研究确定文化维度二级指标 2 个,分别是体育旅游文化支撑力、体育旅游文化贡献力。三级指标 8 个,其中选取了体育博物馆数量、本科及以上学历居民数比重、高校数量、体育人口占总人口比例、城市人口平均年龄 5 个指标反映体育旅游文化支撑力;选取了体育文化产业园区数量、体育文化节数量、体育人口增长比例 3 个指标反映体育旅游文化贡献力。

3. 资源维度指标池

旅游资源是旅游活动得以存在和顺利进行的最基础、最根本的保障要素。旅游资源自身质量是吸引旅游者的关键因素,旅游资源自身质量的高低对旅游业的发展有重要影响,在其他影响因素相似的情况下,旅游资源自身品质高低、数量多少决定了旅游目的地对旅游者的吸引力。经过筛选后,本研究的确定资源维度二级指标 2 个,分别是体育旅游资源保障力、体育旅游资源竞争力。三级指标 22 个,其中选取了城市基础设施指数、生活质量指

数、空气质量、绿化覆盖率、室内体育场馆数量、旅行社数量、星级酒店数量、公路客运量、铁路客运量、地区交通可达性、体育旅游发展投资金额、体育旅游业从业人员数量12个指标反映体育旅游资源保障力；选取了职业运动队数量、国际体育赛事数量、体育旅游线路数量、体育旅游景区数量、国家级体育旅游奖项数量、城市体育明星数量、体育旅游资源品味度、体育旅游资源稀缺度、体育旅游资源适游期、体育旅游资源使用范围10个指标反映体育旅游资源竞争力。

传播维度指标池：传播维度所评价的是体育旅游目的地的“口碑”和“热度”。在一个高度信息化的社会中，流量和曝光度往往就代表着竞争力。对于体育旅游目的地来说，能否成功打造、推广自己的品牌并以此为特色吸引旅游者，与该旅游地的经济、资源、文化的发展潜力息息相关。经过筛选后，本研究确定传播维度二级指标2个，分别是体育旅游传播支撑力和体育旅游目的地知名度。三级指标10个，其中选取了网民数量，媒体数量，体育、旅游专业在读学生数量，体育、旅游专业教师数量，体育、旅游院校数量5个指标反映体育旅游传播支撑力；选取了国内知名度、国际知名度、研究关注度、体育旅游新闻量、城市品牌指数5个指标反映体育旅游目的地知名度。

（二）体育旅游影响力专家意见调查

1. 专家组构成

专家意见调查的专家组的遴选是根据专家在本学术领域的知名度，所在企业和体育旅游的相关程度以及政府机构和体育的关联性而决定的。我们对40位专家进行了首轮问卷调查。由表7.4可知，33名专家回答了问卷，并且所有问卷有效。专家小组大体由学者与从业人员两部分构成。教师构成了专家小组的主体部分，共22人。行业从业者作为专家小组的补充，共11人。

表7.4　专家职业构成

职　业	频　数	百　分　比
文职、办公人员	1	3.03%
技术、研发人员	1	3.03%
教师	22	66.67%
顾问、咨询	2	6.06%
其他	7	21.21%

2. 学历与职称

由表7.5可知，专家小组的总体学历较高，其中拥有博士学位者20人，占总数的60%以上，无本科学历以下者。在专家小组的22名教师中，拥有正/副教授职称者20人，占比90%以上。较高的学历与职称，在一定程度上保障了专家组效度。

表7.5 专家学历与职称

学历与职称		频数	百分比
学历	大学本科	4	12.12%
	硕士研究生	9	27.27%
	博士研究生	20	60.61%
合计		33	100%
职称	助教	0	0
	讲师	2	9.09%
	副教授	8	36.36%
	正教授	12	54.55%
合计		22	100%

3. 研究/从业领域

由表7.6可知，小组中大部分专家的研究/从业领域与体育或旅游相关。另外，评价指标体系还涉及一系列经济、文化指标，专家小组同时囊括了5位社会学学者。在进行经济、文化、传播三方面指标的筛选时，通过着重考虑该五名专家的意见，一定程度上保障了指标体系的效度。

表7.6 专家研究/从业领域

领域	频数	百分比
体育	8	24.24%
旅游	12	36.36%
体育旅游	4	12.12%
社会学（经济、历史、社会）	5	15.16%
休闲学	4	12.12%

（三）第一轮专家调查：基于半数原则的指标粗筛选

指标体系粗筛选的目的是从较多指标中快速筛选出较为重要的指标。筛选方法使用半数原则，即让专家对某一指标直接进行删除或保留的二选一判断，将问卷汇总后，删除半数及以上专家认为应该删除的指标，保留半数以上专家认为应该保留的指标。除删除指标外，在第一轮咨询问卷的最后,通过向专家咨询指标体系的不足之处,酌情添加、修改指标。专家小组第一轮咨询结果如表 7.7 所示。

表 7.7　第一轮咨询结果

二级指标	三　级　指　标	频数	选中率	决策
经济支撑力	人均 GDP	28	84.85%	保留
	人均可支配收入	26	78.79%	保留
	第三产业比重	23	69.7%	保留
	全社会固定资产投资额	9	27.27%	删除
经济贡献力	国际旅游外汇收入	20	60.61%	保留
	旅游产业总产值	21	63.64%	保留
	旅游产业 GDP 比重	28	84.85%	保留
	体育产业总产值	22	66.67%	保留
	体育产业 GDP 比重	25	75.76%	保留
	入境游客数量	20	60.61%	保留
	旅游饭店客房平均出租率	15	45.45%	删除
	旅游饭店客房平均房价	10	30.3%	删除
文化支撑力	体育博物馆数量	26	78.79%	保留
	本科及以上学历居民数比重	17	51.52%	保留
	高校数量	18	54.55%	保留
	体育人口占总人口比例	25	75.76%	保留
	城市人口平均年龄	13	39.39%	删除
文化贡献力	体育文化产业园区数量	26	78.79%	保留
	体育文化节数量	27	81.82%	保留
	体育人口增长比例	23	69.7%	保留
资源保障力	城市基础设施指数(美世咨询)	29	87.88%	保留
	生活质量指数(美世咨询)	27	81.82%	保留
	空气质量	24	72.73%	保留
	绿化覆盖率	26	78.79%	保留
	室内体育场馆数量	27	71.82%	保留
	旅行社数量	9	27.27%	删除
	星级酒店数量	18	54.55%	保留

续表

二级指标	三　级　指　标	频数	选中率	决策
资源保障力	公路客运量	9	27.27%	删除
	铁路客运量	9	27.27%	删除
	地区交通可达性	22	66.67%	保留
	体育旅游发展投资金额	26	78.79%	保留
	体育旅游业从业人员数量	26	78.79%	保留
资源竞争力	职业运动队数量	15	45.45%	删除
	国际体育赛事数量	24	72.73%	保留
	体育旅游线路数量	24	72.73%	保留
	体育旅游景区数量	25	75.76%	保留
	国家级体育旅游奖项数量	15	45.45%	删除
	城市体育明星数量	15	45.45%	删除
	体育旅游资源品味度	21	63.64%	保留
	体育旅游资源稀缺度	24	72.73%	保留
	体育旅游资源适游期	22	66.67%	保留
	体育旅游资源使用范围	16	48.48%	删除
	户外游憩场所数量			新增
	业余联赛数量			新增
	运动康复机构数量			新增
	体育俱乐部数量			新增
传播支撑力	网民相对数量	20	60.61%	保留
	媒体相对数量	24	72.73%	保留
	体育、旅游专业在读学生相对数量	22	66.67%	保留
	体育、旅游院校相对数量	16	48.48%	删除
目的地知名度	国内知名度	28	84.85%	保留
	国际知名度	26	78.79%	保留
	研究关注度	17	51.52%	保留
	体育旅游新闻量	24	72.73%	保留
	城市品牌指数	21	63.64%	保留

这里需要说明的是，我们虽然本着尊重专家的原则删除了旅游饭店客房平均出租率、旅游饭店客房平均房价、公路客运量、铁路客运量和职业运动队数量，但是我们仍然认为今后研究体育旅游影响力应该重新评估这些指标。因为体育旅游的流动性特点，酒店住宿是体育旅游发展的一个支撑方面。无论是自驾游还是使用其他交通工具，公路客运量和铁路客运量视野反映地区对体育旅游支撑的指标。职业运动队数量是决定长期赛事在该区域举办场次和吸引体育旅游者的重要因素。

（四）第二轮专家调查：基于聚类分析的指标精筛选

经过初步的筛选后，对剩余指标进行第二轮严格筛选，有利于提高评价指标体系的准确度和精简度，提高评价的效度，同时降低评价成本。

本研究采用系统聚类法，第二轮专家和第一轮专家人员组成完全相同。以专家小组对各维度指标的打分为依据，使用组间连接的方法聚类，平方欧几里得距离法测量类间距离，同时结合专家咨询意见，对各维度指标进行筛选。我们收到 22 名专家回答的问卷，并且所有问卷有效。

1. 经济维度指标筛选

根据图 7.3 可知，若将经济维度指标分为两类，则“国际旅游外汇收入”与“入境游客数量”被归入一类，与其他 7 项指标区分开来。由表 7.8 可知，“国际旅游外汇收入”与“入境游客数量”的平均得分在所有经济维度指标中

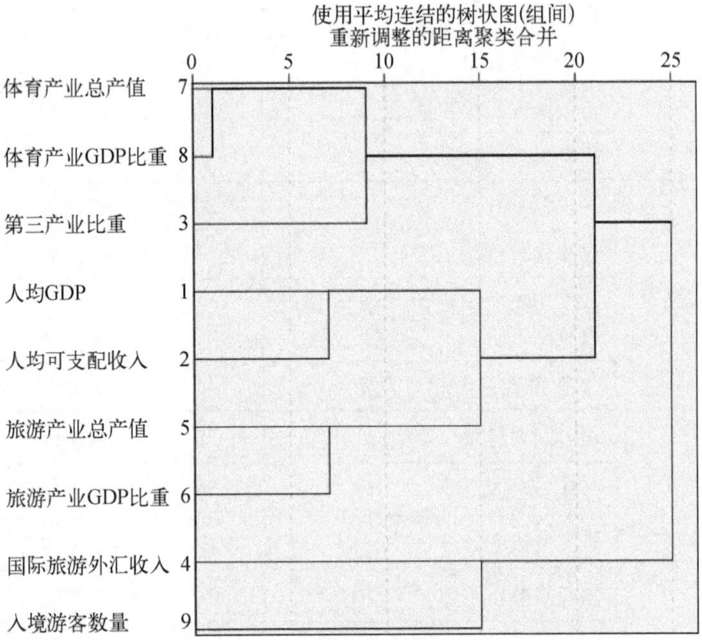

图 7.3　经济维度指标聚类

居倒数二位。结合专家咨询意见,“国际旅游外汇收入”与“入境游客数量”2项所反映的信息与“旅游产业 GDP”所反映的信息重叠,该指标既反映了国内旅游收入,也包含入境旅游收入。综合考虑,剔除这 2 项指标。

表 7.8　描述性统计资料

经济维度指标	*N*	最小值	最大值	平均数	标准差
人均 GDP	22	25	99	74.73	19.322
人均可支配收入	22	25	100	81.32	17.242
第三产业比重	22	50	100	73.09	13.832
国际旅游外汇收入	22	22	100	67.45	22.371
旅游产业总产值	22	27	100	78.00	16.779
旅游产业 GDP 比重	22	23	100	73.59	19.143
体育产业总产值	22	28	100	75.86	17.683
体育产业 GDP 比重	22	24	100	75.64	19.473
入境游客数量	22	22	100	60.68	25.244
有效的 N(listwise)	22				

2. 文化维度指标筛选

根据图 7.4 可知,若将文化维度指标分为三类,“体育博物馆数量”被单独分在一类,根据表 7.9 可知该指标的平均得分在文化维度的 7 项指标中位列倒数第二,结合专家意见,体育博物馆数量所反映的信息与资源维度中的指标有重叠,且绝对性指标的重要程度不如相对性指标。综合考虑后,删除该指标。较为具有争议的是第二类,其中包含“本科及以上学历居民数比重”“高校数量”“体育文化产业园区数量”3 项。其中“体育文化产业园区数量”的平均得分位列第四,且标准差最大,说明平均得分较低的原因可能是由于异常值导致。结合该项指标的实际意义,体育文化产业园区的数量的确可以在一定程度上反映出某地区的体育文化发展情况,因此予以保留。另外 2 项均与高校有关,其平均得分为倒数第一、四位。从理论角度考虑,学历的确与体育参与存在一定程度的相关性,学历越高,体育参与的积极性越强。因此可以在一定程度上认为,一个地区的高校数量越多、大学生越多,那么该地区的体育氛围就越好。综合考虑后保留“高校数量”与“本科及以上学历居民数比重”2 项指标。

3. 资源维度指标筛选

由表 7.10 可知,资源维度 19 个指标的平均得分均在 70 分以上,并且组内分差不大,标准差均较小,说明专家对该维度指标意见较为一致。根据图 7.5 的聚类分析,结合实际情况判断,并未发现明显具有意义的分类,说明专家小组认为该维度指标具有较好的效度,因此保留该维度全部指标。

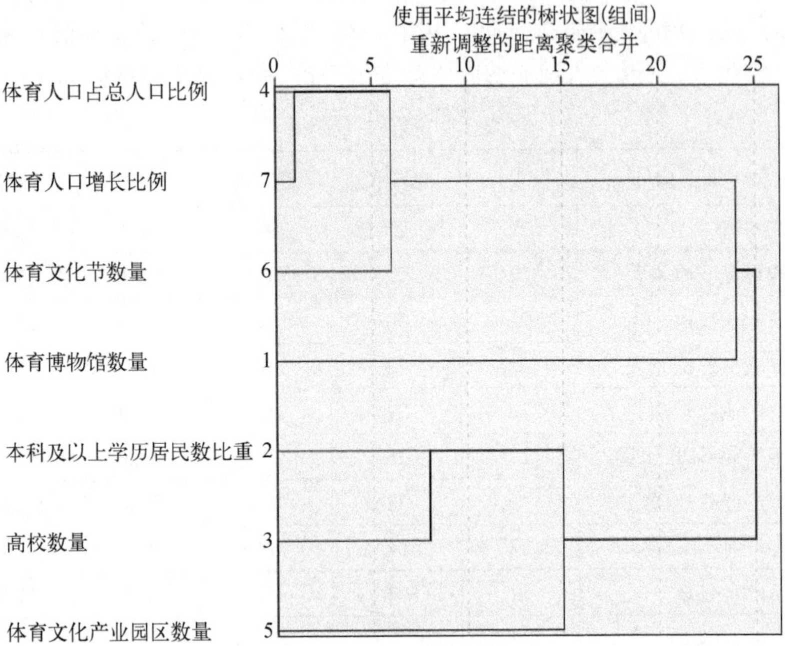

图 7.4　文化维度指标聚类

表 7.9　描述性统计资料

文化维度指标	*N*	最小值	最大值	平均数	标准差
体育博物馆数量	22	12	100	64.73	26.562
本科及以上学历居民数比重	22	19	100	64.23	25.904
高校数量	22	19	100	66.82	20.786
体育人口占总人口比例	22	32	100	76.05	21.072
体育文化产业园区数量	22	7	100	67.77	27.497
体育文化节数量	22	19	100	75.05	24.822
体育人口增长比例	22	26	100	76.18	21.449
有效的 N(listwise)	22				

表 7.10　描述性统计资料

资源维度指标	*N*	最小值	最大值	平均数	标准差
城市基础设施指数(美世咨询)	22	41	100	81.27	15.860
生活质量指数(美世咨询)	22	45	100	78.77	17.268
空气质量	22	39	100	82.05	17.767

续表

资源维度指标	*N*	最小值	最大值	平均数	标准差
绿化覆盖率	22	23	100	78.18	18.983
室内体育场馆数量	22	24	100	76.82	19.583
户外游憩场所数量	22	25	100	80.00	20.801
星级酒店数量	22	23	100	75.18	20.526
地区交通可达性	22	27	100	77.23	21.303
体育旅游发展投资金额	22	23	100	80.59	16.584
体育旅游业从业人员数量	22	25	100	75.82	20.827
国际体育赛事数量	22	30	100	75.68	19.728
业余联赛数量	22	35	100	74.50	22.439
体育旅游线路数量	22	27	100	79.50	19.378
体育旅游景区数量	22	28	100	77.50	18.847
运动康复机构数量	22	32	97	70.32	19.438
体育俱乐部数量	22	34	100	75.55	18.433
体育旅游资源品味度	22	25	100	78.73	21.488
体育旅游资源稀缺度	22	38	100	81.86	16.940
体育旅游资源适游期	22	43	100	80.05	16.465
有效的 N(listwise)	22				

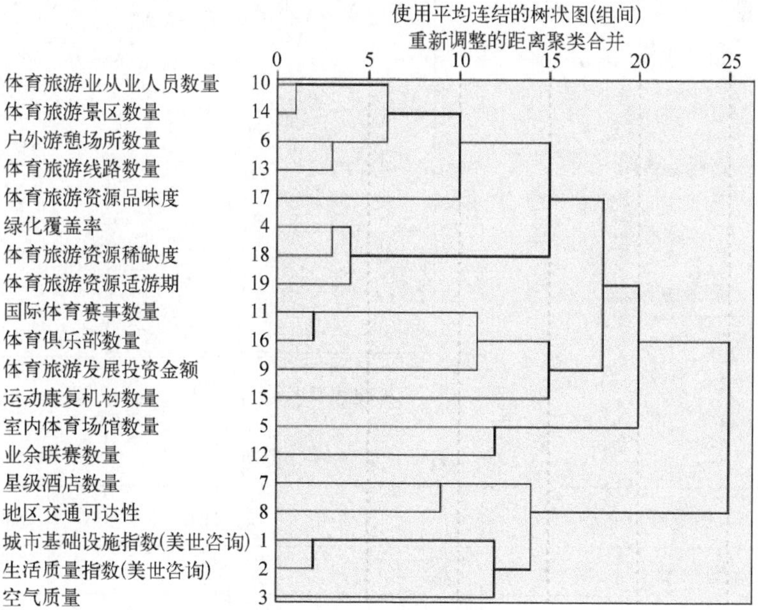

图 7.5　资源维度指标聚类

4. 传播维度指标筛选

由图 7.6 可知,若将传播维度指标分为两类,则"体育、旅游专业在读学生相对数量""体育、旅游院校相对数量""媒体相对数量""研究关注度"4 项指标被归为一类。首先对"媒体相对数量"进行考察,根据表 7.11 可知,该项指标平均得分为组内倒数第二,且标准差不大,说明 22 位专家较为一致认为该项指标重要性较低。结合实际情况考虑,随着自媒体时代的到来,人人都在互联网上获得了自己的话语权,因此在实际调查过程中,该项指标统计难度较大,且精确度较低,因此剔除该指标。第二项"研究关注度",平均得分较低,结合专家意见判断,国际、国内知名度反映的是该旅游目的地在此时此刻的发展水平,而研究关注度往往可以预测该目的地未来的发展水平,考虑到指标体系的动态性和预测性,因此对该指标予以保留。第三、四项"体育、旅游专业在读学生相对数量""体育、旅游院校相对数量"均与高校相关,2 项指标平均得分位列倒数第一、三位。结合实际情况考虑,反映高校数量以及大学生数量的指标在文化维度中已经有所体现,并且此 2 项指标与传播维度的逻辑关联并不明显,难以体现出某一地区的传播能力,因此予以剔除。

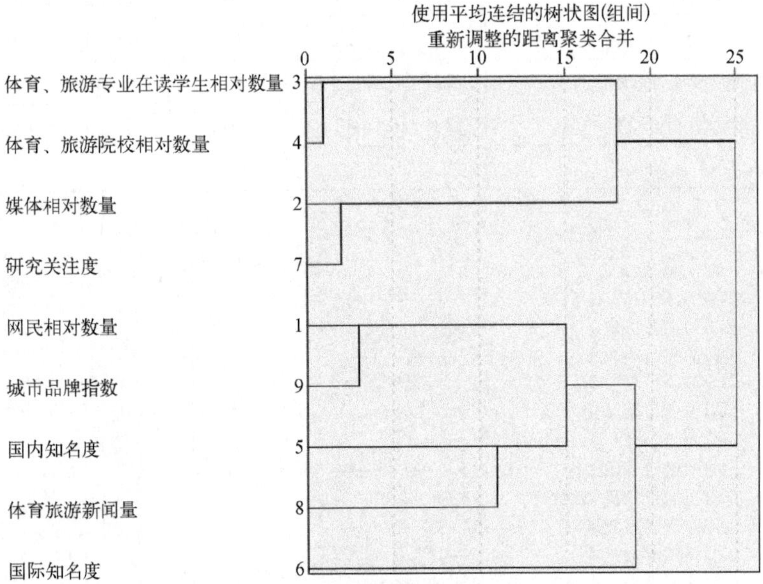

图 7.6　传播维度指标聚类

表 7.11　描述性统计资料

传播维度指标	N	最小值	最大值	平均数	标准差
网民相对数量	22	44	96	75.50	16.483
媒体相对数量	22	37	93	70.14	18.548

续表

传播维度指标	N	最小值	最大值	平均数	标准差
体育、旅游专业在读学生相对数量	22	27	100	70.59	19.870
体育、旅游院校相对数量	22	29	100	69.18	22.146
国内知名度	22	35	100	79.09	18.249
国际知名度	22	13	100	78.59	19.687
研究关注度	22	37	100	70.91	18.281
体育旅游新闻量	22	32	100	79.09	19.811
城市品牌指数	22	33	100	80.00	19.327
有效的 N(listwise)	22				

（五）因子权重系数计算

通过第二轮指标精筛，在剔除 6 项多余指标后，我们得到了由 38 项三级指标组成的体育旅游竞争力评价指标体系。根据上文的指标体系构建思路，若指标总数大于 20，则选择较为简单易行的“量化评分法”确定权重。通过计算，最终得到完整的体育旅游竞争力评价指标体系（表 7.12）。

表 7.12　各指标权重

一级指标及权重	二级指标及权重	三级指标	三级指标各自平均分	三级指标权重
经济 0.251 665	经济支撑力 0.501 996	人均 GDP	74.73	0.326 132
		人均可支配收入	81.32	0.354 892
		第三产业比重	73.09	0.318 975
	经济贡献力 0.498 004	旅游产业总产值	78	0.257 349
		旅游产业 GDP 比重	73.59	0.242 799
		体育产业总产值	75.86	0.250 289
		体育产业 GDP 比重	75.64	0.249 563
文化 0.235 061	文化支撑力	本科及以上学历居民数比重	64.23	0.310 14
		高校数量	66.82	0.322 646
		体育人口占总人口比例	76.05	0.367 214

续表

一级指标及权重	二级指标及权重	三级指标	三级指标各自平均分	三级指标权重
文化 0.235 061	文化贡献力 0.513 964	体育文化产业园区数量	67.77	0.309 452
		体育文化节数量	75.05	0.342 694
		体育人口增长比例	76.18	0.347 854
资源 0.257 758	资源保障力 0.504 864	城市基础设施指数（美世咨询）	81.27	0.103 409
		生活质量指数（美世咨询）	78.77	0.100 228
		空气质量	82.05	0.104 401
		绿化覆盖率	78.18	0.099 477
		室内体育场馆数量	76.82	0.097 747
		户外游憩场所数量	80	0.101 793
		星级酒店数量	75.18	0.095 66
		地区交通可达性	77.23	0.098 268
		体育旅游发展投资金额	80.59	0.102 544
		体育旅游业从业人员数量	75.82	0.096 474
	资源竞争力 0.495 136	国际体育赛事数量	75.68	0.109 098
		业余联赛数量	74.5	0.107 397
		体育旅游线路数量	79.5	0.114 605
		体育旅游景区数量	77.5	0.111 721
		运动康复机构数量	70.32	0.101 371
		体育俱乐部数量	75.55	0.108 91
		体育旅游资源品味度	78.73	0.113 495
		体育旅游资源稀缺度	81.86	0.118 007
		体育旅游资源适游期	80.05	0.115 397
传播 0.255 517	传播支撑力 0.493 348	网民相对数量	75.5	1
	目的地知名度 0.506 652	国内知名度	79.09	0.204 008

续表

一级指标及权重	二级指标及权重	三级指标	三级指标各自平均分	三级指标权重
传播 0.255 517	目的地知名度 0.506 652	国际知名度	78.59	0.202 719
		研究关注度	70.91	0.182 909
		体育旅游新闻量	79.09	0.204 008
		城市品牌指数	80	0.206 356

第二节　武汉市体育旅游城市影响力

一、武汉市体育旅游发展现状

（一）武汉市体育旅游资源开发现状

赛事型体育旅游资源是指以观赏体育比赛或体育表演为主要内容的体育旅游资源。近年来,武汉市政府投资建设了一大批体育设施以及体育场馆,武汉体育中心、湖北省奥体中心、光谷体育馆、新华路体育场、塔子湖体育中心、汉口文化体育中心、洪山体育馆、武汉体育馆、光谷国际网球中心等,为举办体育赛事提供了物质保障。旅游配套设施上,武汉市的交通、住宿、景点景区完善丰富,为大型体育赛事旅游的开展提供了保障。武汉市在举办国际大型体育赛事上逐渐发力,2019 年举办了涵盖水、陆、空的 20 余项国际国内以及本土体育大赛。其中,首次登陆中国的世界军人运动会于 10 月 18 日至 27 日在武汉举行。表 7.13 列举武汉市在 2019 年举办的体育赛事。

表 7.13　2019 年武汉市举办的体育赛事

举办时间	赛事名称
3 月~11 月	中国足球协会超级联赛
4 月~8 月	全国男子篮球联赛
4 月 14 日	武汉马拉松
4 月	2019 武汉国际风筝邀请赛
4 月 23 日~28 日	2019 年亚洲羽毛球锦标赛
5 月~9 月	2019“长江杯”第二届武汉职工足球赛

续表

举办时间	赛事名称
5月18日~21日	2019国际航联世界飞行者大会
6月2日	第三届武汉水上马拉松
7月16日	武汉七一六渡江节
7月19日	2019中塞国际女篮对抗赛
8月25日	2019中巴国际男篮对抗赛
8月31日~9月15日	2019年国际篮联篮球世界杯
9月	第四十四届世界桥牌团体锦标赛
9月	第六届武汉网球公开赛
9月~次年4月	中国足协室内五人制足球超级联赛
10月18日~27日	第七届世界军人运动会
10月	第十七届武汉国际赛马节暨全国速度赛马锦标赛
10月	第十一届中国武汉木兰山登山节
10月~次年3月	中国女子篮球甲级联赛
10月~12月	中国乒乓球超级联赛
11月初	女子团体比赛全国花样游泳锦标赛
11月中下旬	武汉市羽毛球"百团大战"争霸赛
12月12日	第二届中国汽车摩托车运动大会

参与型体育旅游资源指旅游者能够参与以体育活动或体育比赛为主要内容的体育旅游资源。武汉市位于江汉平原与东湖、大别山的过渡地，形成了湖泊密布、群山苍翠、江河纵横的自然景观，可以概括为：三列山系、一组湖群、两江汇流。山体资源和水上资源都是开展体育旅游活动的重要客体，因此武汉拥有其他城市无法比拟的、得天独厚的体育旅游自然优势，相应地产生了登山、漂流、户外拓展等体育旅游项目。武汉市的自然优势保障了参与型体育旅游资源总量的丰富和种类的完善。

（二）武汉市体育旅游市场现状

2014~2018年，武汉全年国内游客人次分别约为1.91亿、2.10亿、2.31亿、2.57亿、2.85亿，分别同比增长12.4%、10.0%、12.5%、11.3%和10.9%。根据华中师范大学发布的《2019中国旅游业发展报告》（以下简称《报告》），在我国15个副省级城市中，武汉市旅游接待人次突破2亿人次，位列榜首。《报告》发布了我国15个副省级城市旅游综合竞争力评价结果，在综合竞争力构成的三大分项中，武汉市现实竞争力与发展环境竞争力排名处于第一方阵，但潜在竞争力表现有待提升。值得一提的是，近5年来，武汉市旅游接待人次数居全国副省级城市的首位，再次展示出武汉市旅游业发展的蓬勃态势。

旅游收入方面，根据武汉市官方数据，2014~2018年，武汉国内旅游收入分别为1 892.06亿元、2 115.23亿元、2 398亿元、2 698.53亿元、3 037.55亿元，同比增速分别为15.8%、11.8%、13.4%、12.2%和12.6%。

（三）武汉市体育旅游发展过程中的问题

体育旅游市场尚未形成。目前武汉市更多的是普通旅行社，缺乏专门的、综合实力强的体育旅行社。多数旅行社欠缺从事体育旅游的相关经验以及产品包装能力，很难抓住消费者的眼球。人们对体育旅游认识度不够，而市场的形成必须由人们对体育旅游产品的消费需求来推动；其次，体育旅游产品的市场占有量低，市场上多数是旅游产品，体育旅游这一细分市场涉足人群比较少，尚未形成体育旅游市场大发展的社会氛围。

资源开发能力不足。武汉市体育旅游资源的开发，虽然已有部分基础，但整体开发程度不高，没有形成体育旅游产业链集群，没有充分将资源优势转化为经济优势。武汉市具有民族特色的传统体育旅游产品，大多以表演或观赏型为主，而体验式产品则较缺乏，发展后劲不足，如攀岩、水上漂流、户外探险、野外素拓等参与型项目主要面向青年人，受众面较窄，制约了体育旅游市场整体发展。

体育旅游企业及人才缺乏。武汉市体育旅游企业的组织规模相对较小，呈现分散化经营管理模式。体育旅游企业所提供的体育旅游产品缺乏创新，同质化比较严重，市场竞争力弱。同时，我国体育旅游产业复合型专业人才严重匮乏，特别是懂法律、懂经营，又对体育与旅游了解的综合性人才，体育旅游专业人才的总量、质量与分布情况都不是很理想。

发展模式和运行机制等尚未完善。近年来，武汉体育旅游业在体育局和各大旅行社共同运营下发展。然而体育旅游业发展较晚，现有的管理体制和发展模式阻碍了体育旅游业的发展。主要体现在：体育旅游发展缺少清晰具体的规划，未进行专门调研与分析；不重视体育旅游产品的创新和升级，特色项目也不突出，缺乏品牌效应，同时对体育旅游的宣传力度不够，多数旅游者仍偏好于观光旅游，而对体验性产品缺乏认识。

二、武汉市体育旅游城市影响力实证分析

根据上文已经建立的体育旅游城市影响力评价指标体系对武汉市的体育旅游城市影响力进行分析。首先,用极值法将武汉市 2014~2018 年各个指标因子的原始数据进行标准化处理。其次,将各因子的标准化数据与对应的权重相乘,得到各项因子的得分。最后,将各维度下的因子得分相加,得到对应维度的影响力得分。

经济维度方面,由图 7.7 可知,2014~2018 年武汉市体育旅游经济实力呈稳健、高速发展态势。其中代表着武汉市宏观经济发展水平的"经济支撑力",其发展速度是代表着武汉体育旅游相关经济发展水平的"经济贡献力"的近两倍有余。这在一定程度上反映出武汉市体育旅游业的发展相对滞后,人们在拥有着越来越多的金钱与闲暇的同时,并没有等比例的将自己的时间和金钱投入在体育旅游上。造成这种现象的原因是多方面的,这可能与人们较低的体育运动意识和较差的体育运动氛围有关,另外,也可能与质量较低的体育旅游资源有关。那么,究竟是哪种原因造成了武汉市体育旅游业发展的滞后呢?我们可以从接下来对文化维度、资源维度、传播维度的分析中寻找答案。

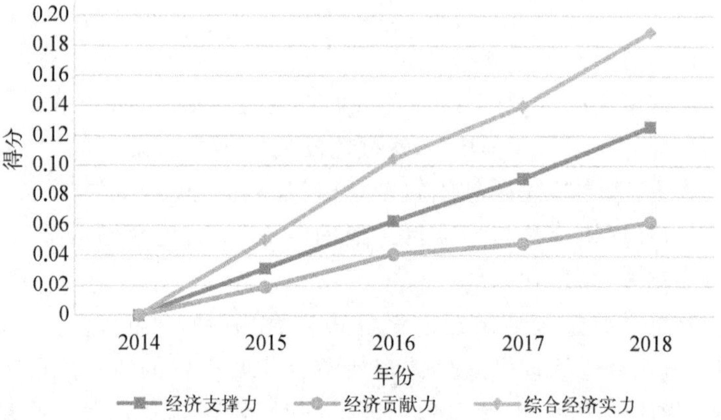

图 7.7　2014~2018 年武汉市经济影响力

文化维度方面,2014~2018 年武汉市体育旅游文化实力发展较平稳,代表着居民体育休闲素养的"文化支撑力"与代表着体育旅游文化产出水平的"文化贡献力"整体上呈现同步、快速发展的态势(图 7.8)。2014~2018 年,武汉市在体育旅游文化维度的投入-产出比是较合理的,因此,很难将引起上文提到的武汉市体育旅游发展滞后现象的原因归咎于文化维度,即人们主观上不排斥参与体育旅游活动,但出于某些客观原因,阻碍了人们参与体育旅游活动的行为,导致了体育旅游业发展受阻。

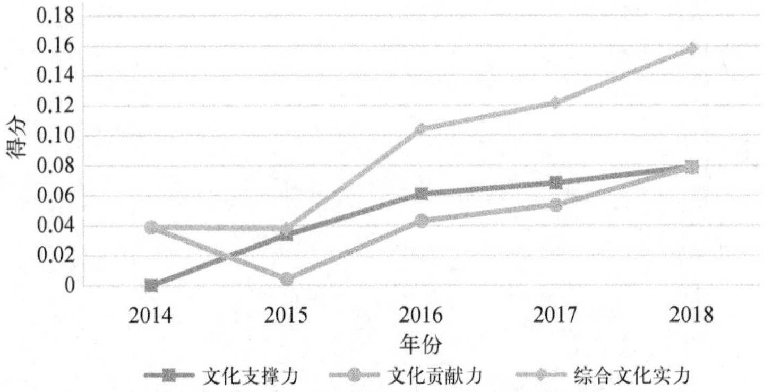

图 7.8　2014~2018 年武汉市文化影响力

资源维度方面，2014~2018 年武汉市体育旅游资源实力发展缓慢平稳，其中代表着整体城市环境质量的“资源保障力”的增长速度较快，而代表着体育旅游资源质与量的“资源竞争力”增长速度较慢，且在 2015 年呈现出负增长（图 7.9）。该项数据在一定程度上解答了我们的疑问，即体育旅游资源开发的滞缓导致了体育旅游发展相对于整体经济的滞后性。

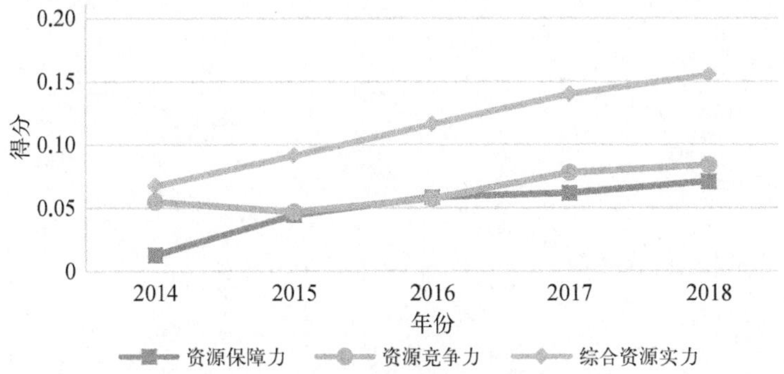

图 7.9　2014~2018 年武汉市资源影响力

传播维度方面，2014~2018 年武汉市体育旅游传播实力发展总体上先升后降，升降幅度较大（图 7.10）。其中代表着信息接受能力的“传播支撑力”发展速度较快，而代表着体育旅游信息输出能力的“目的地知名度”则呈现出持续下降的趋势。决定一个旅游目的地知名度的原因绝不仅仅在于该目的地本身，还取决于它的竞争对手们。因此，该项数据不仅反映了武汉市体育旅游在宣传营销水平上的不足与资源开发上的滞缓，而且还体现出武汉市周边其他地区在体育旅游业上的加速发展。

总的来看，在 2014~2018 年的 5 年间，武汉市体育旅游影响力发展趋势良好，但通过四个维度的分析，在武汉市体育旅游影响力平稳增长的表象下，潜藏着一些制约武汉市体育旅游业更好发展的危险因素（图 7.11）。人们日益高

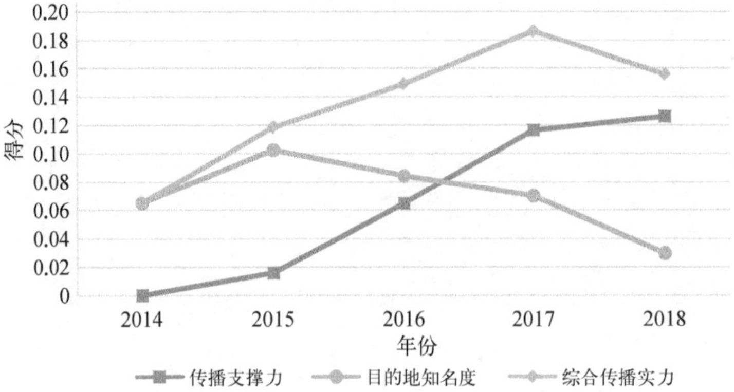

图 7.10　2014~2018 年武汉市传播实力

涨的体育旅游热情与消费能力，掩盖了武汉市体育旅游资源开发速度缓慢、包装营销水平低的事实。从体育旅游业的长远发展角度着想，武汉市政府必须及时加大对体育旅游资源的开发力度、出台针对体育旅游企业的优惠政策，加强市场参与体育旅游业建设的积极性，才能保障体育旅游资源的质量，提高体育旅游营销宣传水平，如此才能充分挖掘武汉体育旅游市场的巨大消费潜力。

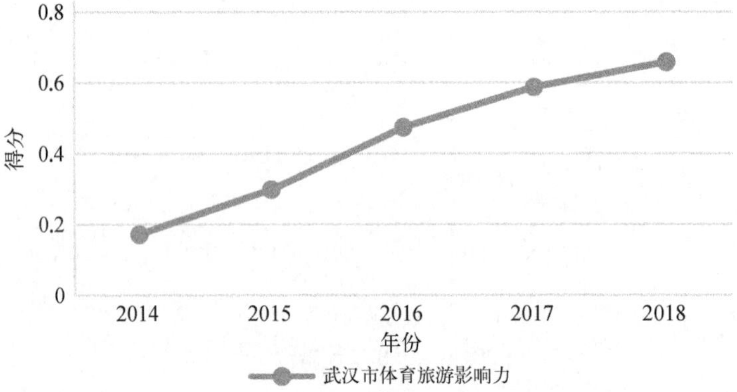

图 7.11　2014~2018 年武汉市体育旅游影响力

第三节　贵州省体育旅游城市影响力

一、贵州省体育旅游发展现状

（一）贵州省体育旅游资源开发现状

贵州省是我国知名的旅游大省之一，拥有着丰富的自然、人文旅游资源。气候条件方面，贵州地处云贵高原，以山地为主，平均海拔 1 000 米以上,全省的大多数地区年平均气温12~17℃,夏季最热月平均气温在28℃以下。贵州省的气候属于亚热带湿润季风气候区,受西南季风的影响,全年降水相对丰富。温暖湿润,年均气温变化较小,冬暖夏凉,气候宜人,是一个良好避暑之地。在当今全球变暖的气候环境下,云贵高原夏季清凉的气候将成为旅游业发展的一大优势。

生态文化方面,贵州是一个多民族的省份,全省3 931.12万人口中,少数民族占1 452万人,占38.97%,其中苗、侗、布依、水、瑶、彝、土家、仡佬等世居的少数民族达17种之多。由于贵州特有的地域特点和民俗风情,贵州省的旅游资源和产品独具特色,主要以民族原生态文化为主,如六盘水的玉舍特色体育小镇等。

地理条件方面,贵州省境内以高原山地为主,地形西部相对较高一些,东部低,从中部向北、东、南三个方向倾斜,西部最高处六盘水韭菜坪海拔为2 900米。全省平均海拔约1 000米,地貌可归为高原山地、丘陵和盆地三种类型,高原山地占87%、丘陵占10%、盆地为3%。贵州北有大娄山,中南部被苗岭横亘,东北境有武陵山,西部有乌蒙山。北部由于地势较高,在六盘水同时拥有中国纬度最低的两个滑雪场(梅花山国际滑雪场和玉舍国际滑雪场),南部最低河谷仅为137米,水流比较集中,利于开展各种水上运动,如每年的黔西南州独竹漂邀请赛、历史文化名城镇远的龙舟赛等。目前,贵州各个地区充分利用天然地理优势和独特的地形地貌特点,融合自身的发展特色,因地制宜地开展各项户外体育活动,从而吸引了大量的旅游者到此参观体验,为举办各项体育旅游活动搭建了很好的平台。贵州省各地区特色赛事(活动)一览表见表7.14。

表7.14 贵州省各地区特色赛事(活动)一览表

举办地点	赛事(活动)名称
六盘水	皮划艇静水冠军赛、夏季国际马拉松、冬季滑雪节
贵阳	国际田联世界越野锦标赛、夏季马拉松
遵义	娄山关·海龙屯国际山地户外运动挑战赛,赛事涵盖越野跑、定向越野、山地自行车、负重登山
安顺	凸河攀岩
铜仁	环梵净山国际公路自行车邀请赛、梵净山登山大赛、中华传统龙舟大赛
毕节	越野跑、山地马拉松、山地自行车、徒步穿越
黔南	陀螺、龙舟、赛马、高脚竞速、蹴球
黔东南	独竹漂邀请赛、“雷公山之巅巴拉河之夏”自行车爬坡赛、中国“牛王争霸赛”、斗鸡、斗鸟、斗猪、晴隆“24道拐”汽车拉力赛

（二）贵州省体育旅游市场现状

据贵州省统计局资料显示，2014～2018年贵州省接待旅客数量依次为3.2亿、3.8亿、5.3亿、7.4亿、9.7亿人次，旅游收入方面，2014～2018年贵州省旅游总收入为2 896亿元、3 513亿元、5 028亿元、7 117亿元、9 471亿元，增长速度令人咋舌。

体育人口方面，根据王玉茜对贵州省全民健身活动现状的调查显示，贵州省体育人口占总人口数的21.83%，对比我国体育人口占比34%，贵州省经常参加体育锻炼的人数较少。

体育产业方面，2019年贵州省销售体育彩票46.8亿元，筹集体育彩票公益金12.61亿元，在全国排第三。据统计测算，2018年全省体育企业达到3 755家，体育产业总规模突破200亿元，占全省GDP比重0.65%。

（三）贵州省体育旅游发展过程中的问题

经济欠发达，基础设施差。2015年国家发改委、外交部、商务部在博鳌亚洲论坛期间如期发布了《推动共建丝绸之路经济带和21世纪海上丝绸之路的愿景与行动》中第一条就提到基础设施联通将大幅提升旅游的可达性。贵州地处中国西南部，属于经济相对落后省份。经济基础决定上层建筑，经济的落后阻碍了其他活动的开展，贵州省经济近年来是有所发展，而且上升的速度相对于一些发达地区来说还要快一些，但是由于本身的基数就较少，所以总体来说还是处于落后的地位，在2017年度的全国经济排名中，贵州省依然排在全国倒数的位置。不管是旅游还是体育旅游都是属于文化建设的一方面，文化建设又属于上层建筑，所以贵州地区经济发展水平相对欠发达、资金不足，对体育旅游基础设施的投入较少，而基础设施较差就会成为体育旅游开发的障碍之一。

教育落后，人口整体文化水平不高。贵州的教育之所以落后，一是穷于经济，没有经济支撑来加大对教育的投入，所以教育设施落后于发达地区很多年；二是思想没有转变，读书无用的观念目前在贵州省部分地区还是存在的，所以整体文化水平相对发达地区来说也较低，人们不愿意去花钱投资教育，教育事业一直没有得到较好的发展。人才是第一要素，同时也是发展其他一切产业的主要因素。体育旅游具有特殊性质，该行业的发展需要特定的专业人才。体育旅游的发展需要既懂得体育旅游市场的开发和研究，又熟悉体育产业和旅游经营的综合型人才，因为教育的滞后，人才的匮乏，制约了贵州体育旅游业的发展。据调查，目前贵州省的高校还没有一所开设了体育旅游方面的专业来培养体育旅游的综合性人才。

自然环境复杂，旅游资源开发难度大。贵州属中国西部高原山地，境内地势西高东低,山地较多。受气候、地形的影响,贵州省自然灾害频频发生,洪涝、干旱、冰雹、低温冷冻等灾害日益加重,滑坡、泥石流、岩体崩塌等地质灾害隐患点也呈上升的趋势。自然灾害已经成为制约贵州省经济社会发展和人民生产生活的主要因素之一。对于贵州省来说,自然旅游资源在旅游资源的开发中占主要部分,但其复杂的地理环境导致体育旅游资源开发难度加大,从而影响了体育旅游发展。

二、贵州省体育旅游城市影响力实证分析

(一)基于态势理论的生态位大小评价

根据上文已经建立的体育旅游城市影响力评价指标体系对贵州省内四市的体育旅游城市影响力进行分析。首先,采用极值法将四市的2014~2018年各个指标因子的原始数据进行标准化处理。其次,以四市2014年各因子的标准化数值作为"态",以2014~2018年的标准化数据平均增长量为"势",以每年的平均增长量为衡量尺度,即量纲转换系数为1。然后,运用生态位态势模型计算出各因子的生态位指数。最后运用加权平均法得到贵州四市的各维度生态位以及综合生态位。在这里需要说明的是铜仁、毕节、黔南和黔东南统计数据缺失太多,无法打分。因此我们在这里只提供贵阳、遵义、六盘水和安顺的贵州四市各维度生态位及排名(表7.15)。

表7.15 贵州四市各维度生态位及排名

城市	经济生态位	排名	文化生态位	排名	资源生态位	排名	传播生态位	排名
贵阳	2.523 95	1	2.319 22	1	4.914 79	1	3.406 261	1
遵义	0.869 4	3	1.138 02	2	4.247 77	2	1.697 737	2
六盘水	0.490 17	4	0.519 82	3	2.209 66	3	0.413 256	4
安顺	1.116 48	2	0.022 94	4	1.627 78	4	0.482 746	3

从经济生态位来看,作为贵州省省会的贵阳市毫无疑问地排在了第一位,领先第二名安顺市一倍有余。四市中经济生态位最窄的城市为六盘水市,仅为贵阳市经济生态位的五分之一左右。这在一定程度上说明了贵州省目前贫富差距较大、地区间体育旅游发展程度不均的现象。从文化生态位来看,贵州省四市间的差距较经济维度差距更大,其中安顺市与其他城市之间的差距尤其明显。尽管造成如此之大差距的原因可能与部分统计数据的缺失有关,但四市之间在高校数量、体育文化节数量、体育公园数量等指标上存在的明显差距,在一定程度上反映出四市间体育旅游氛围和文化的

显著差异。从资源生态位来看,四市总体表现较好,其中大致可分为两个梯队:贵阳与遵义并驾齐驱,六盘水与安顺紧随其后。这在一定程度上可以归功于贵州省得天独厚的自然资源优势。从传播生态位来看,贵阳市依旧遥遥领先,展现出较高的知名度和关注度。遵义市紧随其后,而六盘水市与安顺市的传播实力与关注度则相对较低。

整体来看,我们可以从贵州省四市的对比中得出以下结论:贵州省各市体育旅游生态位存在较大差异,其中,贵阳市在区域内所占据的生态位宽度最大,占到总量的 47%,紧接着是遵义市,占 28%,而安顺市与六盘水市则各占总体的八分之一左右(图 7.12)。说明贵州省目前存在着贫富差距较大、体育旅游发展程度不均、地区间协调发展水平低等问题。因此,贵州省应发挥好省内核心城市的辐射带动作用,实现区域体育旅游协调发展,增强总体影响力。

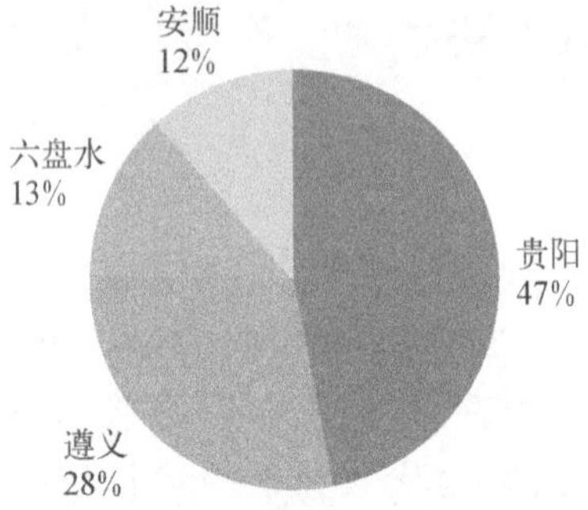

图 7.12　贵州省四市综合生态位宽度

(二) 生态位重叠测算及结果分析

利用 Levins 公式,分别计算出贵州省四市在经济影响力、文化影响力、资源影响力、传播影响力四个维度上的生态位重叠度(表 7.16 ~ 表 7.19)。

表 7.16　经济维度生态位重叠矩阵

	贵　阳	遵　义	六盘水	安　顺
贵　阳	1	0.512 730 856	0.300 201 952	0.470 588 236
遵　义		1	0.570 875 499	0.546 790 626
六盘水			1	0.436 231 079
安　顺				1

表 7.17　文化维度生态位重叠矩阵

	贵　阳	遵　义	六盘水	安　顺
贵　阳	1	0.307 349 996	0.326 700 381	0.204 350 436
遵　义		1	0.244 696 159	0.140 339 045
六盘水			1	0.204 350 436
安　顺				1

表 7.18 资源维度生态位重叠矩阵

	贵　阳	遵　义	六盘水	安　顺
贵　阳	1	0.555 884 111	0.613 384 254	0.434 280 285
遵　义		1	0.513 557 581	0.410 007 271
六盘水			1	0.598 233 063
安　顺				1

表 7.19 传播维度生态位重叠矩阵

	贵　阳	遵　义	六盘水	安　顺
贵　阳	1	0.490 541 536	0.261 670 271	0.206 608 852
遵　义		1	0.322 840 339	0.319 718 694
六盘水			1	0.377 091 435
安　顺				1

由于经济、文化、资源、传播四个维度之间存在着潜在的相关性,依据前文分析,应采用合 α 法计算贵州省四市的综合生态位重叠矩阵(表 7.20)。

表 7.20 综合生态位重叠矩阵

	贵　阳	遵　义	六盘水	安　顺
贵　阳	1	0.466 626 625	0.375 489 214	0.328 956 952
遵　义		1	0.412 992 395	0.354 213 909
六盘水			1	0.403 976 503
安　顺				1

通过对四个维度生态位重叠矩阵的比较,可以看到贵州省四市间在经济维度和资源维度上的生态位重叠度较大,而在文化维度和传播维度上的生态位重叠度较小。理论上讲,单凭较高的生态位重叠度并不能说明两个地区之间存在着较为紧张的竞争关系,只有在周围环境中的所有资源被充分利用的前提下,生态位重叠度才能代表竞争程度。因此,结合贵州省的现实情况与上文生态位宽度的研究结果,我们可将贵州省四市的体育旅游发展水平分为三个梯队:第一梯队——贵阳,第二梯队——遵义,第三梯队——六盘水、安顺。四市间生态位宽度的明显差异,显示了贵州省体育旅游发展程度不均,地区间协调发展水平较低的现象;普遍较低的文化生态位重叠度、传播生态位重叠度,显示了贵州省体育旅游存在着资源开发程度不

足、体育旅游资源利用率低的现象。

思考与讨论

1. 简述评价指标体系的建构思路与过程。

2. 为什么能将属于生态学领域中的理论应用于其他领域？为什么不同学科之间能够相互借鉴？

3. 在构建指标体系的过程中，为什么要根据指标数量确定计算权重的方法？当你在进行一项研究的设计工作时，有没有考虑到实践过程中可能出现的种种意料之外的情况？

4. 借鉴本章对于武汉市、贵州省体育旅游的评价思路与方法，考察你家乡的体育旅游发展状况如何。

主要参考文献

班保申,2012.社区文化的涵义、特征与功能.学术交流,12:151－154.
曹凑贵,展茗,2015.生态学概论.第三版.北京:高等教育出版社.
曹秀珍,2012.体育赛事旅游基本理论研究.浙江师范大学学报(自然科学版),35(2):221－225.
陈春莲,李呈,2016.新时期城市社区文化品牌的价值维度和构建路径.北京政法职业学院学报,2:106－110.
陈娟,2013.基于旅游生态位理论的丽江地区旅游竞争态势研究.中南林业科技大学学报,33(4):117－120.
陈玲玲,潘鸿雷,2015.基于生态位构建的旅游地发展动力学模型及实证研究.资源开发与市场,31(6):764－768.
陈璇,2015.滨海体育旅游资源评价指标体系的构建——基于AHP层次分析法.湖南科技学院学报,36(10):155－159.
成莎,缪园园,2017.体育旅游概念界定的研究综述及展望.体育科技文献通报,25(7):41－42,55.
崔瑞华,徐静,王泽宇,等,2018.中国沿海地区滨海体育旅游竞争力评价.辽宁师范大学学报(自然科学版),41(1):125－134.
斐迪南·滕尼斯,1999.共同体与社会:纯粹社会学的基本概念.北京:商务印书馆.
费孝通,1984.社会学的探索.天津:天津人民出版社.
费孝通,1999.二十年来之中国社区研究.北京:群言出版社.
付业勤,郑向敏,2010.国外体育旅游的内涵与类型.湖南医科大学学报(社会科学版),12(4):211－212.
国家发展改革委,2017.国家开发银行关于开发性金融支持特色小(城)镇建设促进脱贫攻坚的意见.
国家体育总局,2017.体育总局关于推动运动休闲小镇建设工作的通知.
韩鲁安,杨春青,1998.体育旅游学初探.天津体育学院学报,4:64－67.

黄芳,2001.优化旅游系统的生态学原理.生态经济,11：19－20.
黄海燕,2012.体育赛事管理：理论与实践.北京：人民体育出版社.
江苏省体育局,2016.省体育局关于开展体育健康特色小镇建设工作的通知.
李振基,陈小麟,郑海雷,2001.生态学.北京：科学出版社.
刘宝顺,2010.我国城乡社区文化建设研究综述.管理学刊,23(6)：75－77.
刘华芝,2015.体育旅游目的地竞争力的评价指标体系研究.管理观察,28：156－157.
刘辉,2007.体育旅游资源核心竞争力研究.科技广场,12：11－13.
刘满娥,赵虹,陈立农,2019."一带一路"战略背景下贵州体育旅游的优劣势及发展策略研究.广州体育学院学报,39(6)：55－58.
刘庆龙,冯杰,2002.论社区文化及其在社区建设中的作用.清华大学学报(哲学社会科学版),5：19－24.
刘文俭,2010.省域文化品牌建设的思路与对策——以山东为例.北京行政学院学报,4：1－5.
刘彦平,2017.城市影响力及其测度——基于200个中国城市的实证考察.城市与环境研究,1：25－41.
罗英,2018.武汉市体育旅游开发策略与建议研究.当代体育科技,8(6)：153－154.
闵健,2002.体育旅游及其界定.武汉体育学院学报,6：4－6.
倪鹏飞,侯庆虎,赵慧云,等,2000.中国城市竞争力报告No.5：城市美的风景.北京：社会科学文献出版社.
潘月顺,马道强,穆瑞杰,2015.基于AHP和FCEM的体育旅游资源评价体系构建与实证研究.河北体育学院学报,29(5)：6－9.
祁新华,程煜,包战雄,2007.生态位理论在旅游地竞争中的应用研究——以皖南三座名山为例.桂林旅游高等专科学校学报,18(3)：404－406.
钱立宏,曹学锋,2016.上海市体育旅游的SWOT分析及对策研究.上海理工大学学报(社会科学版),38(4)：374－377.
秦椿林,2005.体育项目管理.北京：高等教育出版社.
沈丽玲,应淑娟,2018.体育旅游产业特征及发展策略.当代体育科技,8(28)：222－224.
宋书楠,2002.试议体育赛事的旅游开发.北京第二外国语学院学报,6：35－38.
王海涛,武辉林,2018.河北省创新型城市建设评价指标体系研究.河北省科学院学报,35(4)：32－36.
王守恒,叶庆晖,2005.体育赛事的界定与分类.首都体育学院学报,17(2)：1－3.
王思斌,2006.社会学教程.北京：北京大学出版社.

王玉茜,2017.贵州省全民健身活动开展现状及对策研究.体育时空,14:19,21.
王占春,1984.旅行旅游与体育.中国学校体育,2:9-11.
王子朴,杨铁黎,2005.体育赛事类型的分类及特征.上海体育学院学报,29(6):26.
吴必虎,张栋平,2016.以五大发展理念引领全域旅游发展.中国旅游报,02-03(4).
吴金梅,宋子千,2011.产业融合视角下的影视旅游发展研究.旅游学刊,26(6):29-35.
奚从清,1996.社区研究——社区建设与社区发展.北京:华夏出版社.
向延平,向昌国,陈友莲,2010.生态位理论在张家界市主要旅游景区评价中的应用.应用生态学报,21(5):1315-1320.
徐红梅,2015.体育城市形象塑造的人本主义与品牌营销的文化社会学诉求.武汉体育学院学报,49(4):29-32.
阳红林,郑然宅,2019.我国"体育+旅游"竞争力影响因子实证分析.广州体育学院学报,39(2):30-34.
于锦华,2010.体育旅游目的地竞争力提升路径研究.北京体育大学学报,33(1):39-41.
詹新寰,孙忠利,王先亮,2008.产业融合机制下体育产业发展研究.首都体育学院学报,20(6):1-4.
张金桥,2004.关于体育旅游的若干思考.辽宁体育科技,26(5):14-15.
张敏敏,朱宝莉,杨新宇,2017.中国旅游生态位研究综述——基于2005年至2015年的数据.开发研究,1:42-148.
张强,郃鹏飞,2015.城市体育旅游竞争力定量测评与分析——以山东省滨海城市为例.曲阜师范大学学报(自然科学版),41(4):109-113.
张清华,宋年春,2017.体育特色小镇构建背景下峡山区体育旅游SWOT分析与对策研究.辽宁体育科技,3:19-22.
张铁明,吴畏,谭延敏,等,2013.游客感知视角下休闲体育旅游目的地竞争力的实证研究.西安体育学院学报,30(1):26-30.
郑杭生,2014.社会学概论新修精编版.第二版.北京:中国人民大学出版社.
郑家鲲,黄聚云,2013.基本公共体育服务评价指标体系的构建.上海体育学院学报,37(1):9-13.
中国新闻网,2020.日本政府望2020年访日游客破4 000万.http://www.chinanews.com/gj/2020/01-15/9060469.shtml[2020-05-02].
中华人民共和国文化和旅游部,2018.中国旅游统计年鉴.北京:中国旅游出版社.
钟学思,2008.广西地级市少数民族体育旅游竞争力分析.体育学刊,11:

39－43.
朱春全,1997.生态位态势理论与扩充假说.生态学报,17(3):324－332.
朱竞梅,2000.开发体育旅游项目问题初探.体育与科学,21(2):25－27.
邹仁爱,陈俊鸿,陈绍愿,等,2006.旅游地生态位的概念、原理及优化策略研究.人文地理,21(5):36－40.
Chalip L, 2017. Trading legacy for leverage. I. Brittain, J. Bocarro, T. Byers, et al., Legacies and mega events: Fact or fairy tales? London: Routledge.
De Knop P, 1990. Sport for all and active tourism. World leisure and recreation, 32: 30－36.
Fairley S, Gibson H, Lamont M, 2018. Temporal manifestations of nostalgia: Le Tour de France. Annals of tourism research, 70: 120－130.
Fairley S, Kelly D, 2017. Developing leveraging strategies for pre-games training for mega-events in non-host cities. Marketing intelligence and planning, 35(6): 740－755.
Fyfe D, 2008. Birthplace of baseball or village of museums? The packaging of heritage tourism in cooperstown, New York. Journal of sport & tourism, 13(2): 135－153.
Getz Donald, 1997. Event management and event tourism. New York: Cognizant Communication Corporation.
Gibson H, 2017. Sport tourism and theory and other developments: some reflections. Journal of sport & tourism, 21(2): 153－158.
Gibson H, Attle S., Yiannakis A, 1998. Segmenting the active sport tourist market: a life-span perspective. Journal of vacation marketing, 4(1): 52－64.
Gibson H, Walker M, Thapa B, et al., 2014. Psychic income and social capital among host nation residents: a pre-post analysis of the 2010 FIFA World Cup in South Africa. Tourism management, 44: 113－122.
GORE A L, 1994. Creating a government that works better and costs less: report of the national performance review. Washington, D.C. : U. S. Government Printing Office.
Hall C, 1992. Adventure, sport and health tourism. London: Belhaven Press.
Higham J, 1999. Commentary-sport as an avenue of tourism development: an analysis of the positive and negative impacts of sport tourism. Current issues in tourism, 2(1): 82－90.
Hudson S, 2000. The segmentation of potential tourists: constraint differences between men and women. Journal of travel research, 38: 363－368.

Joseph Grinnell, 1917. The Niche-Relationships of the California Thrasher. The Auk: Ornithological Advances, 34(4): 427 - 433.

Kaplanidou K, Gibson H, 2010. Predicting behavioral intentions of active event sport tourists: the case of a small-scale recurring sports event. Journal of sport & tourism, 15(2): 163 - 179.

Kelly D, Fairley S, O'Brien D, 2019. It was never ours: Formalised event hosting rights and leverage. Tourism Management, 73: 123 - 133.

Kenyon G S, 1969. Aspects of contemporary sport sociology edited. Chicago: Athletic Institute Publishing.

Loy J, 1968. The nature of sport: A definitional effort. Quest, 10(1): 1 - 15.

Nahrsdtedt W, 2004. The tourism and leisure industry: shaping the future. Binghamton: The Haworth Hospitality Press.

Nogawa H, Yamguchi Y, Hagi Y, 1996. An empirical research study on Japanese sport tourism in sport-for-all events: case studies of a single-night event and a multiple-night event. Journal of travel research, 35(2): 46 - 54.

Pathik D, 2017. How kids' sports became a $15 billion industry. http://time.com/4913687/how-kids-sports-became-15-billion-industry/?xid=homepage&pcd=hp-magmod[2020 - 04 - 25].

Pouder R, Clark D, Fenich G, 2018. An exploratory study of how destination marketing organizations pursue the sports tourism market. Journal of destination marketing & management, 9: 184 - 193.

Ramshaw G, Gammon S, Huang W, 2013. Acquired pasts and the commodification of borrowed heritage: the case of the Bank of America Stadium tour. Journal of Sport & Tourism, 18(1): 17 - 31.

Redmond G, 1990. Proceedings of the leisure studies association second international conference, leisure, labour, and lifestyles: International comparisons. Washington D.C.: LSA Publications.

Ritchie J R B, 1984. Assessing the impact of hallmark events. Journal of Travel Research, 23: 2 - 11.

Ritchie J R B, 1999. Lessons learned, lessons learning: insights from the Calgary and Salt Lake City Olympic Winter Games. Visions in Leisure and Business, 18(1): 4 - 13.

Standeven J, De Knop P., 1999. Sport tourism. Champaign: Human Kinetics.

Weed M E, Bull C J, 2004. Sports tourism: Participants, policy and providers. Oxford: Elsevier.

Weiler B, Hall C M, 1992. Special interest tourism. London: Bellhaven Press.